Prólogo

Este relato hace parte de una tradición profundamente arraigada en la literatura británica del siglo XIX: la novela fantástica, de misterio o de horror. Mr. Hyde, esta criatura de características monstruosas –doble y otro yo del Dr. Jekyll–, puede ser relacionado con otros personajes literarios de la época: el monstruo creado por el doctor Frankenstein, el retrato de Dorian Gray o Drácula. Ficciones que participan del imaginario decimonónico, y que a su vez constituyen la continuación de uno de los tópicos fundamentales del romanticismo: la búsqueda y el encuentro con el otro, con el doble. También son, de alguna manera, la representación literaria de una de las preocupaciones primordiales de la filosofía y de la ciencia de ese entonces: la investigación de las profundidades del ser, de los abismos del sueño.

Búsqueda, investigación y creación de ese otro yo desconocido al que esta literatura fantástica da vida y hace surgir, con la apariencia del monstruo. Monstruo que es, entonces, una metáfora del recóndito interior del ser humano, y que es denominado por los científicos, filósofos y escritores del siglo, de innumerables formas: conciencia humana, subconsciente, mal, demonio, etc. Y es en este adentrarse en las profundidades del yo que la novela de misterio entra en contacto, se funde, con la psicológica; de ahí que el Dr. Jekyll sea muchas veces clasificado dentro de este último género. El monstruo es también una imagen del otro lado, no sólo del ser humano sino, de la sociedad victoriana que con su estricta moralidad pretende controlar y reprimir la naturaleza del hombre. Mr. Hyde surge de las profundidades del pantano, de los instintos, de los placeres prohibidos.

El origen mismo de esta historia es una pesadilla, de la cual surge la idea de escribir la novela. La forma en que está escrita refleja el lenguaje de los sueños, el contacto onírico con el "otro" interior. La narración descriptiva en la que los hechos son contados a partir de enumeraciones ininterrumpidas –las frases como los hechos se suceden separados tan sólo por un punto y coma–, le da a los acontecimientos relatados la continuidad propia de los sueños. Así como el ritmo vertiginoso de la novela, debido justamente a esta narración enumerativa, y las analogías utilizadas, en las que, por ejemplo, Mr. Hyde es asociado con un dios hindú –*juggernaut*– o con un demonio, y Londres se convierte en una ciudad fantasmagórica, irreal. Las descripciones de los espacios, de la ciudad, envueltos por la bruma, dan a las acciones una atmósfera de pesadilla y misterio.

Pero a pesar de estar la narración en contacto tan estrecho con lo onírico y con temas propios del romanticismo, su escritura, por el contrario, se distancia de un lenguaje emotivo y sentimental. Su lenguaje es rico, pero elaborado y medido; sus descripciones son poéticas pero a la vez precisas: la palabra no se deja llevar por la emoción, es exacta e irremplazable.

La narración tiene la estructura de una novela de misterio. Por ejemplo, hay un personaje-investigador encargado de develar el enigma: Mr. Utterson, quien en su búsqueda del pretendido chantajista del Dr. Jekyll y del asesino de Carew (hechos que inician y desencadenan la acción), va progresivamente desenmarañando para el lector el misterio de la novela.

El viaje de Stevenson a Samoa, en el pacífico meridional, coincide en muchos puntos con su creación literaria y con los tópicos románticos tan presentes en ella. Enfermo de tuberculosis realiza este viaje al otro lado del mundo, lejos de las restrictivas normas de su sociedad, encontrándose con lo radicalmente opuesto, lo otro. En su descripción del jefe Ko-o-amu podemos encontrar los elementos de su interés y fascinación por la dualidad del hombre y por el "mal": «...gran caníbal en su día, ya se iba comiendo a sus enemigos mientras volvía a casa tras haberlos matado; y sin embargo es un caballero perfectamente afable e ingenuo; ningún tonto, por lo demás».

Ese encuentro final con lo otro, no es más que la realización de una de las obsesiones más recurrentes en la vida y la obra de Stevenson. Desde su temprana juventud, porque su educación fue regida dentro de estrechos marcos calvinistas, hasta su última morada, la presencia del bien y del mal como entes operantes en el mundo, no dejó de inquietarlo y seducirlo. Por tal motivo encontramos esa preocupación en gran parte de su obra, pero especialmente en *El extraño caso del Dr. Jekyll y Mr. Hyde* es donde la angustia, como una pesadilla, recorre cada línea, cortando el aliento del lector, envolviéndolo en la sombra de los otros que todos llevamos dentro, como la niebla y el rumor envuelven este Londres fantástico, suspendido en el terror de las profundidades de la naturaleza humana.

PEDRO LAMA

A
KATHARINE DE MATTOS

Está mal desatar los lazos que Dios decretó para unir;
Seguiremos siendo los hijos del brezo y del viento.
Lejos del hogar, ¡oh!, todavía es para ti y para mí
Que hermosa florece la retama en el país del norte.

Historia de la puerta

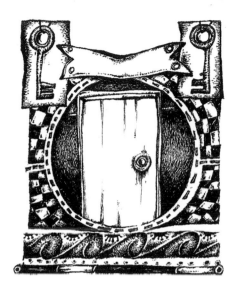

El abogado Mr. Utterson era un hombre de semblante austero, que nunca fue iluminado por una sonrisa; frío, parco y tímido en el discurso; retraído en los sentimientos; delgado, alto, apagado, monótono y sin embargo extrañamente adorable. En reuniones amistosas, y cuando el vino era de su gusto, algo eminentemente humano fulguraba de sus ojos; algo en efecto que nunca se reflejó en su conversación, pero que se expresaba no sólo en estos símbolos silenciosos del rostro después de la cena, sino de manera más fuerte y

15

frecuente en los actos de su vida. Era severo consigo mismo; bebía ginebra cuando estaba solo, para reprimir un gusto por los vinos añejos; y aunque disfrutaba el teatro, no había cruzado las puertas de ninguno en veinte años. Pero era reconocido por su tolerancia hacia los otros; a veces maravillándose, casi con envidia, ante la intensidad de los espíritus involucrados en fechorías; y en caso de algún apuro estaba más inclinado a ayudar que a reprobar. «Me inclino por la herejía de Caín –solía decir de forma curiosa–; dejo que mi hermano se vaya al demonio por su propio camino.» Conforme a esto, su suerte usualmente era ser la última persona respetable y la última buena influencia en las vidas de hombres que iban cuesta abajo. Y a éstos, con tal de que vinieran a su despacho, nunca les mostró ni una sombra de cambio en su conducta.

Sin duda este comportamiento le resultaba fácil a Mr. Utterson, pues era reservado en el mejor de los casos, y aún sus amistades parecían estar fundadas en una similar comunión del buen carácter. Es señal de un hombre modesto aceptar su círculo de amigos ya establecido por la ocasión, y esa era la forma de ser del abogado. Sus amigos eran los de su misma sangre, o aquellos a quienes había conocido desde hace mucho; sus afectos, como la hiedra, eran producto del tiempo, no implicaban idoneidad en el objeto. De ahí, sin duda, el vínculo que lo unía al señor Richard Enfield, su pariente lejano, hombre muy conocido en la ciudad. Para muchos era difícil entender lo que estos dos veían el uno en el otro, o qué tema podían encontrar en común. Rumoraban los que se los encontraban en sus caminatas dominicales, que no decían nada, que parecían particularmente aburridos, y que acogerían con evidente alivio la aparición de un amigo. A pesar de esto, los dos hombres concedían gran importancia a estas excursiones, las consideraban la joya principal de cada semana, y no sólo eludían las oportunidades de placer, sino que incluso resistían los llamados de negocios, para poder disfrutarlas sin interrupción.

Sucedió en uno de estos paseos que su camino los condujo a una callejuela de un barrio concurrido de Londres. La calle era pequeña y lo que podríamos llamar tranquila, pero entre semana operaba un próspero comercio. Parecía que a todos los habitantes les iba bien, y todos esperaban ambiciosamente que les fuera aún mejor, disponiendo del excedente de sus ganancias en coqueterías; así que las fachadas de las tiendas se sucedían a lo largo de esa calle con apariencia incitadora, como filas de vendedoras sonrientes. Aun los domingos, cuando ocultaba sus encantos más floridos y quedaba relativamente vacía de tránsito, la calle relucía al contrastar con los sucios alrededores, como un fuego en el bosque; y con sus persianas recién pintadas, sus cobres bien lustrados, y esa nota general de limpieza y alegría, inmediatamente llamaba la atención y agradaba al transeúnte.

A dos puertas de una de las esquinas, a mano izquierda yendo hacia el este, la hilera era interrumpida por la entrada de un patio interior; y justo en ese punto, el aguilón de un siniestro edificio sobresalía en la calle. Era de dos pisos: no tenía ventanas, sólo una puerta en el piso de abajo y la fachada ciega, de un muro descolorido, en el superior; mostraba en cada rasgo, las marcas de una prolongada y sórdida negligencia. La puerta, que no tenía ni campana ni aldaba, estaba agrietada y desteñida. Los vagabundos entraban agachados al nicho y encendían fósforos en los paneles; los niños hacían negocios en las escaleras; un escolar había probado su cuchillo en las molduras; y por cerca de una generación, nadie había aparecido para ahuyentar a estos visitantes fortuitos o para reparar sus destrozos.

Mr. Enfield y el abogado estaban del otro lado de la callejuela, pero cuando se acercaron a la entrada, el primero levantó su bastón y señaló.

—¿Alguna vez notó esa puerta? —preguntó. Y cuando su acompañante respondió afirmativamente añadió—: Está asociada en mi memoria con una historia muy extraña.

—¿De verdad? —dijo el señor Utterson, con un leve cambio de voz—, ¿y de qué se trata?

—Bueno, ocurrió así —contestó Mr. Enfield—. Regresaba a casa desde algún lugar en el fin del mundo, hacia las tres de una negra mañana de invierno, y mi camino me llevó a través de una parte de la ciudad donde literalmente no había nada que ver además de faroles. Calle tras calle, toda la gente dormida, calle tras calle, todo iluminado como para una procesión, todo tan vacío como una iglesia, hasta que finalmente me asaltó ese estado de ánimo en el que un hombre escucha y escucha anhelando ver a un policía. De repente, vi dos figuras: una era la de un hombre pequeño que caminaba a buen paso hacia el este, y la otra una niña de tal vez ocho o diez años que salía corriendo de una bocacalle, tan rápido como le era posible. Pues bien, señor, como era de esperarse, al llegar a la esquina se dieron de bruces; y luego vino la parte horrible del asunto, pues el hombre pisoteó tranquilamente el cuerpo de la niña y la dejó en el piso gritando. No suena tan terrible al oírlo, pero fue infernal de ver. No parecía un hombre; era como un maldito *juggernaut*[1]. Di un grito, me eché a correr, agarré a mi caballero por el cuello, y lo traje de vuelta al sitio donde ya había un grupo considerable de gente en torno a la niña en llanto. Él se mostraba del todo indiferente y no opuso resistencia, pero me miró de una manera tan repulsiva, que hizo que el sudor corriera por mi cuerpo. Las personas que habían aparecido eran familiares de la niña; y al poco tiempo llegó el médico a quien ella había salido a buscar. Pues bien, la niña no estaba tan mal; un poco asustada, según el matasanos y se podría suponer que ahí terminaba todo. Pero se presentó una curiosa circunstancia. Yo había sentido aversión por mi caballero a primera vista. Así como también la familia de la niña, lo cual era natural. Pero el caso del médico fue el que me impactó. Era un boticario del montón, sin edad ni color particulares, con un fuerte acento de Edimburgo, y casi tan emotivo como una gaita. Pues bien, él estaba como el resto de nosotros; cada vez que miraba a mi prisio-

---

[1] Deidad de la mitología hindú llamada también Jagannãth; equivale a Krishna, octavo avatar (manifestación, encarnación o descenso) de Visnú. Tiene su templo en la ciudad del mismo nombre, llamada también Puri. Cada año, en junio o julio, 200 servidores se enganchan al carro del dios y lo conducen al templo; según la leyenda, a su paso se arrojan los peregrinos para ser aplastados bajo sus ruedas.

nero, yo veía al matasanos palidecer y enfermarse con el deseo de matarlo. Sabía lo que estaba pensando, tanto como él sabía lo que yo pensaba; y al no ser el asesinato una posibilidad, optamos por otra alternativa. Le dijimos al hombre que podríamos y haríamos tal escándalo de esto, que su nombre apestaría de un extremo a otro de Londres. Si tenía amigos y buena reputación, nosotros nos encargaríamos de que los perdiera. Y todo el tiempo, a la vez que lo atacábamos con saña, hacíamos lo posible por mantener a las mujeres alejadas de él, pues estaban enardecidas como arpías. Nunca había visto un círculo de rostros tan lleno de odio; y ahí en el medio estaba el hombre, con una especie de negra, desdeñosa frialdad (también asustado, yo podía ver eso) pero, señor, manejando la situación realmente como Satanás.

»—Si ustedes deciden hacer fortuna de este accidente —dijo—, estoy en verdad desprotegido. Todo caballero desea evitar un escándalo. Designen ustedes la cantidad.

»Pues bien, le exigimos cien libras para la familia de la niña; a él evidentemente le hubiera gustado librarse; pero había algo en todos nosotros que indicaba que teníamos malas intenciones, y al final se dio por vencido. El paso siguiente era conseguir el dinero; ¿y a dónde cree que nos llevó sino a ese lugar de la puerta? Sacó la llave con desprecio, entró, y más tarde volvió con la cantidad de diez libras en oro y un cheque del Coutts por el resto, hecho a nombre del portador y firmado con un nombre que no puedo mencionar (aunque sea ese uno de los puntos de mi historia), pero era un nombre bastante conocido y que se podía ver impreso a menudo. La cifra era exorbitante; pero la firma, si resultaba genuina, era mucho más valiosa. Me tomé la libertad de señalarle a mi caballero que todo este negocio parecía irregular, y que en la vida real un hombre no entraba en un sótano a las cuatro de la mañana y salía de éste con un cheque de otro hombre por cerca de cien libras. Pero él seguía absolutamente tranquilo y despectivo.

»–No se inquieten –dice– me quedaré con ustedes hasta que los bancos abran y yo mismo cobraré el cheque.

»Así que todos nos pusimos en camino: el médico, el padre de la niña, nuestro sujeto y yo, y pasamos el resto de la noche en mis recámaras; y al día siguiente, después de desayunar, fuimos en masa al banco. Yo mismo entregué el cheque, y dije que tenía razones para creer que era falso. Nada de eso. El cheque era genuino.

–Vaya, vaya –dijo Mr. Utterson.

–Veo que usted opina como yo –dijo Mr. Enfield–. Sí; es una historia terrible, pues mi hombre era un tipo con el cual nadie hubiera querido tratar, un hombre realmente detestable; en cambio la persona que giró el cheque es el colmo de la decencia, célebre además, y (lo que es peor) uno de esos tipos que hacen lo que se llama el bien. Chantaje, supongo; un hombre honesto que está pagando con creces alguna travesura de su juventud. Por consiguiente, yo llamo a ese lugar de la puerta "La Casa del Chantaje". Aunque, sabe usted, aun esto no lo explica todo –añadió–, y con estas palabras se sumió en sus meditaciones.

De ellas lo sacó Mr. Utterson con una pregunta un tanto repentina:

–¿Y no sabe si la persona que giró el cheque vive ahí?

–Un lugar probable, ¿cierto? –respondió Mr. Enfield–. Pero por casualidad me enteré de su dirección; vive en no sé qué plaza.

–¿Y nunca preguntó sobre... el lugar de la puerta? –dijo Mr. Utterson.

–No señor: tuve mis reservas –fue la respuesta–. Me rehuso enfáticamente a hacer preguntas;

es muy parecido al día del juicio final. Se empieza con una pregunta, y es como hacer rodar una piedra. Se sienta uno tranquilamente en la cima de una colina; y la piedra se aleja, haciendo rodar otras; y después algún pobre diablo (el menos pensado) es golpeado en la cabeza en su propio jardín y la familia tiene que cambiar de nombre. No, señor, mi regla es: entre más extraño parezca, menos preguntas hago.

–Una buena regla, por lo demás –dijo el abogado.

–Pero he estudiado el lugar por mi cuenta –continuó Mr. Enfield–. Apenas parece una casa. No hay otra puerta, y nadie entra o sale por ella además de, muy de vez en cuando, el caballero de mi aventura. Hay tres ventanas que dan al patio en el segundo piso; ninguna en el de abajo; las ventanas están siempre cerradas pero limpias. Y además hay una chimenea de la que generalmente sale humo, así que alguien tiene que vivir ahí. Y sin embargo no estoy tan seguro, pues ese bloque está lleno de edificios apiñados, y es difícil decir dónde termina uno y dónde comienza el otro.

La pareja siguió caminando un rato en silencio; y luego Mr. Utterson dijo:

–Enfield, es una buena regla la suya.

—Sí, creo que lo es —respondió Enfield.

—Pero a pesar de eso —continuó el abogado—, hay algo que quiero preguntar. Me gustaría saber el nombre del sujeto que pisoteó a la niña.

—Bueno —dijo Mr. Enfield—, no veo qué daño podría hacer. Era un hombre llamado Hyde.

—Humm —dijo Mr. Utterson—. ¿Qué aspecto tiene?

—No es fácil describirlo. Hay algo perverso en su apariencia; algo desagradable, algo francamente detestable. Nunca vi a un hombre que me disgustase tanto, y sin embargo apenas sé por qué. Debe ser deforme en alguna parte; produce una fuerte sensación de deformidad, aunque no podría precisar el punto. Es un hombre de un aspecto extraordinario, y no obstante, no consigo en realidad mencionar nada fuera de lo común. No, señor, no logro poner nada en claro; no lo puedo describir. Y no es falta de memoria, pues me parece estar viéndolo en este instante.

Mr. Utterson volvió a caminar un rato en silencio, bajo el peso evidente de las reflexiones.

—¿Está seguro de que él utilizó una llave? —indagó finalmente.

—Mi querido señor... —comenzó Enfield, sorprendido al máximo.

—Sí, yo sé —dijo Utterson—; sé que debe parecer extraño. El hecho es que si no le pregunto el nombre del otro individuo, es porque ya lo sé. Como ve, Richard, su relato ha regresado al punto de partida. Si ha sido inexacto en algo, sería mejor que lo rectificara.

—Creo que hubiera podido advertírmelo —respondió el otro con cierta hosquedad—. Pero he sido pedantemente exacto, como dice usted. El tipo tenía una llave; y es más, la tiene todavía. Lo vi usarla hace menos de una semana.

Mr. Utterson suspiró profundamente, pero no dijo una palabra; y después de un rato el joven sentenció:

—He aquí otra lección para no decir nada —dijo—. Estoy avergonzado de tener una lengua tan larga. Hagamos un pacto: no volvamos a mencionar este asunto.

—De corazón —dijo el abogado—. Es un trato, Richard.

En busca de Mr. Hyde

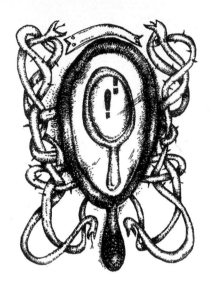

Esa noche Mr. Utterson llegó a su casa de soltero con humor sombrío, y se sentó a cenar sin apetito. Era su costumbre los domingos, cuando terminaba esa comida, sentarse junto al fuego con un volumen de árida teología en su mesa de lectura, hasta que el reloj de la iglesia vecina daba las doce, hora en la que se iba a la cama, sobrio y agradecido. Esta noche, sin embargo, una vez retirado el mantel, tomó una vela y subió a su despacho. Allí abrió su caja fuerte, y tomó del rincón más recóndito un documento en cuyo sobre estaba escrito: "Testamento del doctor Jekyll", y se sentó con el ceño ensombrecido a estudiar su contenido. El testamento era ológrafo, pues Mr. Utterson, aunque se hizo cargo de él ahora que ya estaba escrito, se había rehusado a prestar la menor asistencia en su elaboración; éste disponía no sólo que, en el caso de la muerte de Henry Jekyll, M.D. (doctor en Medicina), D.C.L. (doctor en Derecho), LL.D. (doctor en Literatura), F.R.S. (miembro de la Real Sociedad), etc., todas sus posesiones pasaran a manos de su «amigo y benefactor Edward Hyde», sino que en caso de «la desaparición del doctor Jekyll o de su inexplicable ausencia por un período que exceda los tres meses del calendario», el susodicho Edward Hyde debe tomar el lugar del susodicho Henry Jekyll sin mayor demora y libre de cualquier carga u obligación, excepto el pago de algunas pequeñas sumas a los domésticos de la casa del doctor. Este documento había sido por mucho tiempo algo que molestaba en extremo al abogado. Lo ofendía tanto como abogado que como amante del lado sano y tradicional de la vida, para quien lo extravagante es indecente. Y si hasta ese momento era su ignorancia respecto a Mr. Hyde lo que había inflamado su indignación; ahora, por un giro repentino, era saber de él lo que le indignaba. Ya era lo bastante malo cuando éste era sólo un nombre del que no podía saber nada más. Fue peor cuando comenzó a revestirse de atributos detestables; y de repente surgió, fuera de las cambiantes e insubstanciales brumas que por tanto tiempo habían velado sus ojos, el definitivo presentimiento de que se trataba de un demonio.

«Creí que era una locura –se dijo, al tiempo que volvía a guardar el aborrecible papel en la caja fuerte–, y ahora comienzo a temer que sea una desgracia.»

En ese momento apagó su vela, se puso un sobretodo, y partió en dirección a Cavendish Square, esa citadela de la medicina, donde su amigo, el famoso doctor Lanyon, tenía su casa y recibía a sus innumerables pacientes. «Si alguien sabe algo, ése es Lanyon», pensaba.

El solemne mayordomo lo conocía y le dio la bienvenida; no se le hizo esperar, fue conducido directamente desde la puerta al comedor, donde el doctor Lanyon estaba sentado solo degustando su vino. Éste era un caballero rubicundo, saludable, cordial, vivaz, con una melena prematuramente blanca, y de comportamiento decidido y turbulento. Al ver a Mr. Utterson, saltó de su silla y le dio la bienvenida con ambas manos. La afabilidad, que era el modo de ser de este hombre, parecía un tanto teatral; pero se basaba en un sentimiento genuino. Pues estos dos eran viejos amigos, viejos compañeros tanto de colegio como de universidad, ambos se respetaban profundamente a sí mismos y el uno al otro, y, lo que no es siempre una consecuencia, hombres que disfrutaban la compañía del otro.

Después de una corta divagación, el abogado trató el tema que de manera tan desagradable le preocupaba.

—Creo, Lanyon —dijo—, que usted y yo debemos ser los más viejos amigos que tiene Henry Jekyll.

—¡Desearía que los amigos fueran más jóvenes! —bromeó el doctor Lanyon—. Pero supongo que lo somos. ¿Y qué hay con eso? Lo veo muy poco últimamente.

—¿En verdad? —dijo Utterson—. Yo pensaba que ustedes estaban unidos por un interés común.

—Lo estábamos —fue la respuesta—. Pero hace más de diez años que Henry Jekyll se volvió demasiado extravagante para mi gusto. Comenzó a pasarle algo, a pasarle algo en la cabeza; y aunque naturalmente continúo interesándome por él, en consideración a los viejos tiempos, he visto realmente muy pocas veces al hombre. Semejantes tonterías tan poco científicas –añadió el doctor, sonrojándose de repente–, hubieran alejado incluso a Daimon y a Pitias.

Este pequeño arrebato de ira tranquilizó un poco a Mr. Utterson. «Sólo han discrepado respecto de algún asunto científico», pensó; y no siendo un hombre apasionado por la ciencia (excepto en asuntos de preparación de escrituras de cesión), incluso añadió: «¡No es nada peor que eso!» Dio a su amigo unos pocos segundos para que recobrara su compostura, y luego abordó el asunto que había venido a tratar.

–¿Se encontró usted alguna vez con un protegido suyo, un tal Hyde? –preguntó.

–¿Hyde? –repitió Lanyon–. No. Nunca oí hablar de él. No en mis tiempos.

Esa fue toda la información que el abogado llevó de vuelta a su enorme y sombría cama, en la que dio vueltas de aquí para allá, hasta que las primeras horas del amanecer comenzaron a hacerse cada vez más largas. Fue una noche de poco descanso para su laboriosa mente, trabajando en plena oscuridad y asediada por preguntas.

Dieron las seis en la campana de la iglesia que estaba tan convenientemente cerca de la residencia de Mr. Utterson, y él estaba todavía rondando el asunto. Hasta entonces éste sólo lo había afectado intelectualmente; pero ahora su imaginación también se hallaba involucrada, o mejor, esclavizada; y mientras yacía revolcándose en la densa obscuridad de la noche, en su habitación encortinada, la historia de Mr. Enfield pasaba por su cabeza como un rollo de pergamino con imágenes iluminadas. Veía la gran extensión de faroles de una ciudad por la noche; luego la figura de un hombre caminando rápidamente; después la de una niña que viene corriendo de donde el médico; y finalmente éstos se encontraban, y ese *juggernaut* humano pisoteaba a la niña y seguía su camino indiferente a sus gritos. O también veía una habitación en una lujosa casa, donde su amigo dormía, soñando y sonriendo a causa de sus sueños; y luego la puerta de esa habitación se abría, las cortinas de la cama eran corridas de un tirón, el durmiente llamado, y ¡ahí!, a su lado, estaba parada una figura a quien se le dio poder, y aun a esas altas horas de la noche, él tenía que levantarse y cumplir sus órdenes. La figura de estas dos secuencias persiguió al abogado toda la noche; y si en algún momento se apoderaba de él el sueño, entonces la veía deslizarse con cautela en los hogares dormidos, o moverse más y más rápido, hasta el vértigo, a través de los cada vez más vastos laberintos de la ciudad iluminada por faroles, y en cada esquina atropellar a una niña y dejarla gritando. Y la figura todavía no tenía un rostro por el que pudiera reconocerla; aun en sus sueños no tenía rostro, o tenía uno que lo eludía y que se disolvía ante sus ojos; y de esta manera fue como surgió de repente y creció aprisa en la cabeza del abogado una curiosidad particularmente fuerte, casi desmesurada, por contemplar los rasgos del verdadero Mr. Hyde. Pensaba que si pudiera verlo tan sólo una vez, el misterio se iluminaría y tal vez desaparecería por completo, como solía ocurrir con las cosas misteriosas cuando eran debidamente examinadas. Él podría ver la razón de la extraña predilección o cautiverio (llámese como se quiera) de su amigo e incluso de la alarmante cláusula del testamento. Por lo menos sería un rostro que valdría la pena ver: el rostro de un hombre que carecía de sentimientos de compasión; un rostro que de tan sólo mostrarse producía, en la mente del nada impresionable Enfield, un sentimiento de perdurable odio.

De ese momento en adelante, Mr. Utterson comenzó a rondar la puerta de la callejuela de las tiendas. En las mañanas antes de las horas de oficina, al mediodía cuando había mucho trabajo y poco tiempo, por la noche bajo el rostro de la nublada luna de la ciudad, bajo todo tipo de luz y en horas solitarias o de congestión, se podía encontrar al abogado en el puesto que había elegido.

«Si él va a ser Mr. Hyde –pensó–, yo seré Mr. Scck.[2]»

Y por fin su paciencia fue recompensada. Era una noche hermosa y seca; el aire helado; las calles tan limpias como el piso de un salón de baile; los faroles, sin viento que los hiciera temblar, dibujaban una figura simétrica de luz y de sombra. Cerca de las diez, cuando las tiendas cerraron, la callejuela quedó solitaria y, a pesar del débil murmullo de Londres en todo el derredor, muy silenciosa. Los ruidos leves se oían a lo lejos; los ruidos domésticos eran claramente audibles en ambos lados de la calle, y el rumor de algún transeúnte acercándose lo precedía con mucha anterioridad. Mr. Utterson había estado algunos minutos en su puesto, cuando advirtió unos pasos extraños y ligeros aproximándose. En el curso de sus rondas nocturnas, hace mucho tiempo que se había acostumbrado al curioso efecto con el que el ruido de

---

[2] *Hyde* se pronuncia como *hide*, que quiere decir esconder. El significado de *Seek* es buscar.

los pasos de una sola persona, estando aún distante, surge de repente inconfundible del vasto zumbido y el estrépito de la ciudad. Sin embargo su atención no había sido nunca antes atraída de manera tan intensa y decisiva; y se escondió en la entrada del patio interior con un irracional pero fuerte presentimiento de éxito.

Los pasos se aproximaban de prisa, y de repente sonaron más fuertes al doblar la esquina. El abogado, vigilando desde la entrada, pronto pudo ver con qué clase de hombre tendría que tratar. Era pequeño y estaba vestido de manera muy simple, y su aspecto, aun a esa distancia, se oponía poderosamente a las inclinaciones del observador. Pero caminó derecho hacia la puerta, cruzando la calle para ahorrar tiempo, y al acercarse sacó una llave de su bolsillo como quien llega a casa.

Mr. Utterson salió y le tocó el hombro al pasar.

–¿Mr. Hyde, supongo?

Mr. Hyde retrocedió, aspirando el aire con un silbido. Pero su temor fue sólo momentáneo, y aunque no miró al abogado a la cara, contestó tranquilamente:

–Ese es mi nombre. ¿Qué quiere?

–Veo que va usted a entrar –respondió el abogado–. Soy un viejo amigo del doctor Jekyll: Mr. Utterson de la calle Gaunt, usted debe haber escuchado mi nombre; y ya que nos encontramos tan oportunamente, pensé que podría permitirme entrar.

–No encontrará al doctor Jekyll, no está en casa –replicó Mr. Hyde insertando la llave. Y de repente, pero todavía sin mirarlo, preguntó–: ¿Cómo me reconoció?

–A cambio –dijo Mr. Utterson–, ¿me haría usted un favor?

–Con gusto –respondió el otro–. ¿Qué podría ser?

–¿Me dejaría ver su cara? –preguntó el abogado.

Mr. Hyde pareció dudar, y luego, como llevado por una reflexión repentina, lo confrontó con un aire desafiante; y los dos se miraron muy fijamente por unos pocos segundos.

–Ahora podré reconocerlo nuevamente –dijo Mr. Utterson–. Podría ser útil.

–Sí –replicó Mr. Hyde–. Está bien que nos hayamos conocido; y a propósito, usted debería tener mi dirección. –Y le dio el número de una calle en Soho.

«¡Santo Dios! –pensó Mr. Utterson–, ¿estaría él también pensando en el testamento?» Pero guardó sus sentimientos para sí, y sólo gruñó en señal de gratitud por la dirección.

–Y ahora –dijo el otro–, ¿cómo me reconoció?

–Por una descripción –fue la respuesta.

–¿Descripción de quién?

–Tenemos amigos en común –dijo Mr. Utterson.

–¿Amigos en común? –repitió Mr. Hyde, de manera un poco hosca–. ¿Quiénes son?

–Jekyll, por ejemplo –dijo el abogado.

–Él no le dijo nada –gritó Mr. Hyde, enrojeciéndose de ira–. Pensé que usted no mentiría.

–Vamos –dijo Mr. Utterson–, ese no es un lenguaje adecuado.

El otro soltó un fuerte gruñido que se convirtió en una risa salvaje; y al instante siguiente, con extraordinaria rapidez, había abierto la puerta y desaparecido dentro de la casa.

El abogado se quedó un rato después de que Mr. Hyde lo dejara, como el retrato mismo del desasosiego. Luego comenzó a remontar la calle despacio, parando cada paso o dos y llevándose las manos a la frente como un hombre mentalmente confuso. El problema que iba así debatiendo mientras caminaba, era de aquellos que rara vez tienen solución. Mr. Hyde era un hombre pálido y bajito, daba la impresión de deformidad sin tener ninguna malformación identificable, tenía una sonrisa desagradable, se había conducido ante el abogado con una especie de sanguinaria mezcla entre timidez y audacia, y hablaba con voz ronca, susurrante y un tanto entrecortada; todos estos eran puntos en su contra, pero ni siquiera todos ellos reunidos podían explicar la aversión, el odio y el temor –hasta ahora desconocidos– que Mr. Utterson sentía por él. «Debe haber algo más –se decía el perplejo caballero–. Hay algo más, si pudiera encontrarle un nombre. Dios me bendiga, ¡el hombre difícilmente parecía humano! Algo troglodita en él, ¿diríamos? ¿O podría ser la vieja historia del doctor Fell? ¿O es el mero resplandor de un alma infame que así transpira a través de su continente de barro, transfigurándolo? Creo que lo último; puesto que, oh mi pobre y querido Henry Jekyll, si alguna vez leí la firma de Satanás en un rostro, es en el de tu nuevo amigo.»

A la vuelta de la callejuela había una plaza de hermosas casas antiguas, ahora en su mayor parte decaídas respecto a su pasada alcurnia, arrendadas como apartamentos o habitaciones, a todo tipo y condición de hombres: grabadores de mapas, arquitectos, abogados de mala fama y agentes de oscuras empresas. Una casa, sin embargo, la segunda después de la esquina, estaba todavía completamente ocupada; y en la puerta de ésta, que tenía un aspecto grandioso de opulencia y bienestar, aunque ahora se encontraba sumida en la oscuridad –con excepción del montante–, Mr. Utterson se detuvo y golpeó. Un sirviente bien vestido y de edad avanzada abrió la puerta.

–¿Está el doctor Jekyll en casa, Poole? –preguntó el abogado.

–Iré a ver, Mr. Utterson –dijo Poole, haciendo pasar al visitante, mientras esto decía, a un amplio y cómodo vestíbulo de techo bajo, enlosado, caldeado (al estilo de una casa de campo) por un gran fuego luminoso, y amoblado con costosos armarios de roble–. ¿Quiere esperar aquí junto al fuego, o le enciendo una luz en el comedor?

41

–Aquí, gracias –dijo el abogado–, y se acercó a la alta rejilla de la chimenea, apoyándose en ella.

Este vestíbulo, en el que ahora se encontraba solo, era el capricho preferido de su amigo el doctor, y el mismo Utterson solía hablar de éste como el salón más agradable de Londres. Pero esta noche sentía escalofríos en la sangre; no podía sacarse de la cabeza el rostro de Hyde; sentía (lo que era raro en él) náuseas y repugnancia por la vida; y en el abatimiento de su espíritu, parecía leer amenazas en la luz vacilante de la llama reflejándose en los pulidos armarios, y en el intranquilo sobresalto de la sombra en el techo. Se avergonzó de su alivio cuando Poole regresó después de un rato para anunciar que el doctor Jekyll había salido.

–Vi a Mr. Hyde entrar por la puerta del antiguo cuarto de disecciones, Poole –dijo–. ¿Es eso correcto cuando el doctor Jekyll no está en casa?

–Absolutamente correcto, Mr. Utterson –respondió el criado–. Mr. Hyde tiene una llave.

–Su amo parece depositar gran confianza en ese joven, Poole –reanudó el otro pensativo.

–Sí, señor, así es –dijo Poole–. Todos tenemos órdenes de obedecerle.

–No creo haberme encontrado con Mr. Hyde antes –dijo Utterson.

–Oh, no señor. Él nunca *cena* aquí –respondió el mayordomo–. En realidad lo vemos muy poco en este lado de la casa; la mayoría de las veces él entra y sale por el laboratorio.

–Bien, buenas noches, Poole.

–Buenas noches, Mr. Utterson.

Y el abogado se dirigió a casa con un gran peso en el corazón. «Pobre Henry Jekyll –pensó–, si mi corazón no me engaña, ¡él está en apuros! Era desenfrenado de joven; hace ya mucho tiempo de eso para estar seguro; pero en la ley de Dios no hay estatuto de limitaciones. Ay, debe ser eso; el fantasma de algún viejo pecado, el cáncer de alguna vergüenza oculta: el castigo que llega, *pede claudo*[3], años después de que la memoria ha olvidado y la autoestima ha perdonado la falta.» Y el abogado, asustado por este pensamiento, meditó un rato sobre su propio pasado, buscando a tientas en todos los rincones de su memoria, con miedo a la posibilidad de que una antigua iniquidad,

---

[3] *Pede:* ablativo singular de *pes, pedis* = pie.
Claudo: ablativo singular de *claudus, u, um* = cojo.
Literalmente: "con pie cojo", "cojeando". Lentamente.

como una caja de sorpresas, saltara a la luz. Su pasado era completamente intachable; pocos hombres podrían leer las listas de su vida con menor aprensión; sin embargo se humilló hasta el polvo por las muchas cosas malas que había hecho, y se levantó nuevamente con una sobria y temerosa gratitud por las muchas que había estado a punto de hacer, pero que evitó. Y luego, volviendo a su tema anterior, concibió una chispa de esperanza. «Si se estudiara a este señor Hyde –pensó–, se le encontrarían sus propios secretos; negros secretos, a juzgar por su apariencia; secretos comparados con los cuales, los peores del pobre Jekyll serían como los rayos del sol. Las cosas no pueden continuar como están. Me da escalofrío pensar en esta criatura acercándose sigilosamente a la cama de Henry como un ladrón, pobre Henry, ¡qué despertar! Y el peligro que corre; pues si este Hyde sospecha la existencia del testamento, se puede impacientar por heredar. Ay, debo hacer algo, si tan sólo Jekyll me dejara –añadió–, si sólo me dejara.» Una vez más vio en su memoria, tan claro como en una transparencia, las extrañas cláusulas del testamento.

El doctor Jekyll estaba bastante tranquilo

Dos semanas más tarde, por un excelente golpe de suerte, el doctor ofrecía una de sus agradables cenas a unos cinco o seis viejos camaradas, todos hombres inteligentes, de buena reputación y conocedores del buen vino; y Mr. Utterson se las ingenió para quedarse después de que los otros habían partido. Esto no era nuevo, pues había sucedido en innumerables ocasiones. Cuando Utterson era apreciado, era apreciado de verdad. A los anfitriones les encantaba retener al seco abogado cuando las personas joviales y habladoras ya habían puesto los pies en el umbral; les gustaba sentarse un rato en su discreta compañía, preparándose para la soledad, serenando sus mentes en el silencio enriquecedor de este hombre, después del desgaste y la tensión de los festejos. El doctor Jekyll no era la excepción a esta regla; y ahora, sentado del lado opuesto del fuego –un hombre de cincuenta años, alto, bien hecho, de rostro suave, con tal vez algo malicioso en su apariencia, pero con todos los indicios del talento y de la amabilidad– uno podía ver por su mirada que él abrigaba un afecto sincero y caluroso por Mr. Utterson.

–Deseaba hablar con usted, Jekyll –comenzó el último–. ¿Recuerda ese testamento suyo?

Un observador cercano habría deducido que el tema era desagradable; pero el doctor manejó la situación con buen humor.

–Mi pobre Utterson –dijo– es usted desafortunado en tener un cliente como yo. Nunca vi a un hombre tan afligido como estaba usted por causa de mi testamento; a no ser por ese pedante reaccionario, Lanyon, ante lo que llamó mis herejías científicas. Oh –no necesita fruncir el ceño–, ya sé que es un buen tipo, un excelente tipo, y tengo la intención de seguir viéndolo; pero a pesar de eso es un pedante reaccionario, un pedante ignorante y descarado. Nunca alguien me había decepcionado tanto como Lanyon.

—Usted sabe que nunca lo aprobé —prosiguió Utterson, ignorando sin piedad el nuevo tema.

—¿Mi testamento? Sí, desde luego que lo sé —dijo el doctor, un poco cortante—. Ya me lo ha dicho.

—Bien, así se lo digo nuevamente —continuó el abogado—. He sabido algo acerca del joven Hyde.

El rostro grande y hermoso del doctor Jekyll palideció hasta los labios, y sus ojos se ensombrecieron.

—No me interesa oír más —dijo—. Pensé que habíamos acordado no hablar más de este asunto.

—Lo que oí es abominable —dijo Utterson.

—Eso no va a cambiar nada. Usted no entiende mi posición —replicó el doctor, con una cierta incoherencia en su comportamiento—. Yo estoy en una situación dolorosa, Utterson; mi posición es muy extraña, muy extraña. Es uno de esos asuntos que no se pueden arreglar hablando.

—Jekyll —dijo Utterson—, usted me conoce. Yo soy un hombre en el que se puede confiar. Dígame la verdad en confianza; y no tengo ninguna duda de que yo puedo sacarlo de esto.

–Mi buen Utterson –dijo el doctor–, es muy amable de su parte, es sumamente amable de su parte, y no puedo encontrar palabras para agradecérselo. Le creo totalmente; confiaría en usted antes que en cualquier otro ser viviente, ay, antes que en mí mismo, si pudiera escoger. Pero de verdad no es lo que usted supone, no es así de malo; y sólo para que su buen corazón se tranquilice, voy a decirle una cosa: puedo deshacerme de Mr. Hyde en el momento que yo decida. Le doy mi palabra, y le agradezco una y otra vez. Sólo agregaré una pequeña cosa, Utterson, y estoy seguro que usted lo tomará a bien: este es un asunto privado, y le ruego que lo dejemos así.

Utterson reflexionó un poco, mirando el fuego.

–Sin duda usted tiene toda la razón –dijo finalmente, poniéndose de pie.

–Bien, pero puesto que hemos tocado este tema, y espero que por última vez –continuó el doctor–, hay un punto que quisiera dejar en claro. Realmente tengo gran interés en el pobre Hyde. Sé que usted lo ha visto; él me lo dijo, y temo que fue grosero. Pero sinceramente tengo mucho, mu-

chísimo interés en ese joven; y si llego a faltar, Utterson, deseo que me prometa será indulgente con él y le otorgará sus derechos. Creo que usted lo haría, si lo supiera todo; y me quitaría un peso de encima si lo prometiera.

–No puedo fingir que alguna vez llegue a tenerle simpatía –dijo el abogado.

–No pido eso –alegó Jekyll, poniendo su mano sobre el brazo del otro–. Sólo pido justicia; sólo le pido que lo ayude por mi bien, cuando ya no esté yo aquí.

Utterson exhaló un irrefrenable suspiro.

–Bien –dijo–, lo prometo.

El caso del asesinato de Carew

Casi un año más tarde, en el mes de octubre de 18..., Londres se sobrecogió por un crimen de singular ferocidad, que se hizo aún más notable debido a la alta posición de la víctima. Los detalles eran pocos y sobrecogedores. Una criada que vivía sola en una casa no lejos del río, había subido a acostarse alrededor de las once. Aunque la niebla cubrió la ciudad en las horas de la madrugada, la primera parte de la noche había estado despejada, y el callejón al que daba la ventana de la criada era iluminado brillantemente por la luna llena. Parece que ella era dada a lo romántico, pues se sentó sobre su baúl, colocado exactamente debajo de la ventana, y se sumió en un sueño contemplativo. Nunca (decía ella con lágrimas rodando de sus ojos al narrar esa experiencia), nunca se había sentido más en paz con todos los hombres o tenido pensamientos tan indulgentes con respecto al mundo. Y mientras se encontraba así sentada, se dio cuenta de la presencia de un hermoso caballero de edad avanzada y de pelo blanco, acercándose por el callejón; y adelantándose a su encuentro, otro caballero muy pequeño, a quien al principio prestó menos atención. Cuando se habían acercado lo suficiente para poder hablar (lo que era justo debajo de la mirada de la criada) el hombre de más edad hizo una reverencia y se acercó al otro de manera muy cortés. No parecía preguntar nada de gran importancia; en efecto, por su manera de hacer señas, a veces parecía como si estuviera pidiendo orientación en su camino; la luna brillaba sobre su rostro mientras hablaba, y la muchacha lo miraba complacida, parecía respirar una tal inocencia y amabilidad de viejos tiempos en su carácter, con algo también de orgullo debido a una bien fundada satisfacción personal. Poco después sus ojos se fijaron en el otro, y ella se sorprendió al reconocer en él a un tal Mr. Hyde, quien había visitado a su amo una vez y a quien ella había cogido antipatía. Él tenía en su mano un pesado bastón, con el que jugueteaba; pero no respondía ni una sola palabra, y parecía escuchar con una mal contenida impaciencia. De repente, estalló en un gran arrebato de ira, dando patadas, blandiendo el bastón, y comportándose (según la descripción de la criada) como un loco. El anciano caballero retrocedió, con aspecto muy sorprendido y un tanto ofendido; y entonces Mr. Hyde perdió los estribos y lo aporreó hasta derribarlo al suelo. Y al momento siguiente, con furia de simio, pisoteó a su víctima y precipitó sobre él una tempestad de golpes, bajo los cuales se oían los huesos romperse y el cuerpo daba saltos de un lado a otro de la calle. Ante el horror de lo visto y escuchado, la criada se desmayó.

Eran las dos de la mañana cuando volvió en sí y llamó a la policía. Hacía rato que el asesino se había ido, pero su víctima estaba tendida ahí en la mitad de la calle, increíblemente desfigurada. El bastón con el que había sido cometido el acto, aunque era de una rara madera muy fuerte y pesada, se había partido por la mitad bajo la presión de esta insensata crueldad; y una de las mitades, astillada, había rodado hasta la cuneta vecina; la otra, sin duda, se la había llevado el asesino. Un monedero y un reloj de oro fueron encontrados sobre la víctima: pero ni tarjetas ni papeles, excepto un sobre sellado y estampillado, el cual llevaba probablemente al correo, y que tenía el nombre y la dirección de Mr. Utterson.

Éste fue entregado al abogado a la mañana siguiente, cuando todavía no había salido de la cama; apenas lo vio, y le narraron las circunstancias, exclamó con gravedad:

–No diré nada hasta que haya visto el cadáver, esto puede ser muy serio. Tengan la amabilidad de esperar mientras me visto.

Y con la misma gravedad en el semblante se desayunó apresuradamente y se dirigió a la estación de policía, adonde el cadáver había sido llevado. Tan pronto como entró en la celda, asintió con la cabeza.

–Sí –dijo–, lo reconozco. Siento decir que este es Sir Danvers Carew.

–Santo Dios, señor –exclamó el agente–, ¿es posible? –Y al momento siguiente sus ojos se iluminaron con ambición profesional–. Esto va a

hacer mucho ruido –dijo–. Y tal vez usted pueda ayudarnos a encontrar al hombre.

Y narró brevemente lo que la criada había visto, y le mostró el bastón partido. Mr. Utterson se había horrorizado ante el nombre de Hyde; pero cuando le mostraron el bastón, no pudo seguir dudando; roto y destrozado como estaba, lo reconoció como uno que él mismo había regalado hace muchos años a Henry Jekyll.

–¿Es este Mr. Hyde una persona de baja estatura? –preguntó.

–Particularmente bajo y particularmente malvado; así lo describe la criada –dijo el agente.

Mr. Utterson reflexionó y luego, alzando la cabeza dijo:

–Si viene conmigo en mi coche, creo que puedo llevarlo a su casa.

Eran ya cerca de las nueve de la mañana, y aparecía la primera niebla de la estación. Un gran velo color chocolate cubría el cielo, pero el viento embestía continuamente contra estos fortificados vapores y los deshacía; así que mientras el coche avanzaba lentamente, Mr. Utterson contemplaba una variedad maravillosa de grados y matices de luces crepusculares; entre una calle y otra estaba tan oscuro como al final de la tarde; y ahí había un resplandor de un rico y misterioso color marrón, como la luz de alguna extraña conflagración; e incluso, por un momento, la niebla se dispersaba y un exhausto rayo de luz destellaba entre las espirales de las nubes arremolinadas. El sombrío barrio de Soho, visto bajo esas cambiantes ráfagas de luz, con sus caminos fangosos, y sus desaliñados transeúntes, y sus lámparas que nunca habían sido apagadas o habían sido nuevamente encendidas para combatir esta lúgubre reinvasión de la oscuridad, parecía, a los ojos del abogado, como un distrito de alguna ciudad de pesadilla. Sus pensamientos, además, eran de una tenebrosidad extrema; y cuando miraba a su compañero de coche, se daba cuenta de que sentía algo de ese terror a la ley y a los agentes de la ley, que puede a veces asaltar hasta al más honrado.

Cuando el coche se detuvo en la dirección indicada, la niebla se disipó un poco revelándole una calle sucia, una taberna, un humilde restaurante francés, una tienda en que se vendían artículos a un penique y ensaladas a dos, muchos niños harapientos amontonados en los portales, y varias mujeres de diferentes nacionalidades saliendo, llave en mano, para tomarse la copa de la mañana; y al momento siguiente la niebla se asentó de nuevo en ese sitio, tan oscura como el ocre, y lo aisló de esos canallescos alrededores. Este era el hogar del favorito de Henry Jekyll; de un hombre que era heredero de un cuarto de millón de libras esterlinas.

Una anciana de rostro color marfil y cabellos plateados abrió la puerta. Tenía un rostro maligno, suavizado por la hipocresía; pero sus modales eran excelentes. Sí, dijo ella, esta era la casa de Mr. Hyde, pero él no se encontraba; había llegado muy tarde esa noche, y había vuelto a salir en menos de una hora; no había nada extraño en eso, sus costumbres eran muy irregulares, y se ausentaba a menudo; por ejemplo, hasta ayer habían pasado dos meses desde la última vez que lo vio.

—Muy bien, entonces querríamos ver sus habitaciones —dijo el abogado; y cuando la mujer comenzaba a decir que eso era imposible, agregó—: este es el inspector Newcomen de *Scotland Yard*.

Un rayo de aborrecible alegría apareció en el rostro de la mujer.

—¡Ah! —dijo— ¡Se metió en líos! ¿Qué hizo?

Mr. Utterson y el inspector intercambiaron miradas.

–Parece que no es un personaje muy popular –observó el último–, y ahora, mi buena mujer, permita que este caballero y yo echemos un vistazo a nuestro alrededor.

De la totalidad de la casa, que exceptuando a la anciana se encontraba vacía, Mr. Hyde había sólo utilizado un par de habitaciones; pero éstas habían sido amobladas con lujo y buen gusto. Tenía un armario lleno de vino; la vajilla era de plata, la mantelería elegante; un bello cuadro colgaba de la pared, regalo (suponía Utterson) de Henry Jekyll, quien era un gran conocedor; y las alfombras eran muy tupidas y de colores agradables. En este momento, sin embargo, las habitaciones mostraban todos los indicios de haber sido escudriñadas hacía poco y precipitadamente; ropas regadas por el suelo, con los bolsillos afuera; cajones de cerradura que se encontraban abiertos; y en la chimenea había una pila de cenizas grises, como si se hubieran quemado muchos papeles. El inspector desenterró de entre estos rescoldos el extremo de una chequera verde, que había resistido la acción del fuego; la otra mitad del bastón fue encontrada detrás de la puerta; y como esto confirmaba sus sospechas, el agente se declaró encantado. Una visita al banco, donde encontraron varios miles de libras en la cuenta del asesino, completó su satisfacción.

–Puede contar con que lo tengo en mis manos, señor –le dijo al abogado–, debe haber perdido la cabeza, de lo contrario nunca habría dejado el bastón y, sobre todo, no habría quemado la chequera. ¡Caramba! El dinero es la vida de este hombre. Todo lo que nos queda por hacer es esperarlo en el banco, y difundir la orden de captura.

Esto último, sin embargo, no era de fácil logro; pues Mr. Hyde tenía muy contados conocidos. Incluso el amo de la criada sólo lo había visto dos veces. Su familia no podía ser rastreada por ninguna parte; nunca había sido fotografiado; y los pocos que podían describirlo diferían ampliamente, como suele sucederle a observadores espontáneos. Sólo en un punto coincidían; y era en la obsesiva sensación de inefable deformidad que el fugitivo causaba en quienes lo contemplaban.

El incidente de la carta

Eran ya las últimas horas de la tarde cuando Mr. Utterson llegó hasta la puerta del doctor Jekyll, donde fue inmediatamente admitido por Poole, quien lo condujo a través de la cocina y de un patio que antes había sido un jardín, al edificio que era conocido indiferentemente como el laboratorio o los cuartos de disección. El doctor había comprado la casa a los herederos de un célebre cirujano; y puesto que sus gustos personales se inclinaban más por la química que por la anatomía, había dado otro destino al edificio en el fondo del jardín. Ésta era la primera vez que el abogado era recibido en esa parte de la vivienda de su amigo; contempló con curiosidad la estructura sucia y sin ventanas, y miró a su alrededor con una desagradable sensación de extrañeza al cruzar el anfiteatro, antes abarrotado de ansiosos estudiantes y ahora desierto y silencioso, las mesas cargadas de aparatos químicos, el piso cubierto de cajones y de paja para empacar, y la luz cayendo débilmente a través de la nublada cúpula. Al fondo, unas escaleras subían hasta una puerta cubierta con un lienzo rojo; y al cruzarla, Mr. Utterson fue finalmente recibido en el despacho del doctor. Era una habitación amplia, provista de armarios de vidrio; amoblada, entre otras cosas, con un espejo basculante y un escritorio de trabajo, y tenía vista al patio a través de tres ventanas polvorientas cerradas con barras de hierro. El fuego ardía en el hogar; había una lámpara encendida sobre la repisa de la chimenea, pues aun dentro de las casas empezaba a espesarse la niebla; y ahí, cerca al calor, estaba sentado el doctor Jekyll, con un aspecto de enfermo mortal. No se levantó para recibir a su visitante, se limitó a extender una mano fría y a darle la bienvenida con voz alterada.

–Y bien –dijo Mr. Utterson, tan pronto como Poole los dejó a solas– ¿ha oído la noticia?

El doctor se estremeció.

—Estaban gritándola en la plaza —dijo—. Los oí desde mi comedor.

—Una palabra —dijo el abogado—. Carew era mi cliente, pero usted también lo es, y quiero saber lo que estoy haciendo. ¿No ha cometido usted la locura de esconder a ese tipo?

—Utterson, juro por Dios —gritó el abogado—, juro por Dios que nunca lo volveré a ver. Le doy mi palabra de honor que he terminado con él en este mundo. Todo se acabó. Y en realidad él no quiere mi ayuda; usted no lo conoce como yo; él se encuentra a salvo, completamente a salvo; puede anotar mis palabras, nunca más se oirá hablar de él.

El abogado escuchaba con tristeza; no le gustaba el comportamiento febril de su amigo.

—Usted parece muy seguro de él —dijo— y por su bien, espero que tenga razón. Si llegara a haber un juicio, su nombre podría salir a relucir.

—Tengo completa confianza en él —replicó Jekyll—. Tengo motivos para mi certeza que no puedo compartir con nadie. Pero hay algo en lo que usted podría aconsejarme. Recibí... recibí una carta; y no sé si debo mostrársela a la policía. Me gustaría dejar esto en sus manos, Utterson; usted juzgará sabiamente, estoy seguro; tengo gran confianza en usted.

–Usted teme, supongo, que ésta pueda conducir a que él sea descubierto –inquirió el abogado.

–No –dijo el otro–. No puedo decir que me importe lo que le suceda a Hyde; he terminado con él. Estaba pensando en mi propia reputación, que este odioso asunto ha expuesto tanto.

Utterson rumió un momento; estaba sorprendido por el egoísmo de su amigo, y sin embargo éste le causaba alivio.

–Bien –dijo finalmente–, déjeme ver la carta.

La carta estaba escrita con una extraña letra vertical, y la firmaba "Edward Hyde"; y comunicaba, de manera lo suficientemente breve, que el benefactor del que la escribía, el doctor Jekyll, a quien desde hacía tiempo pagaba de manera tan indigna por sus mil generosidades, no tenía necesidad de alarmarse por su seguridad, ya que él disponía de medios para escapar en los que podía confiar con absoluta certeza. Al abogado le agradó bastante esta carta; le daba a su intimidad un aspecto mejor de lo que había esperado; y se culpó a sí mismo por algunas de sus pasadas sospechas.

—¿Tiene el sobre? —preguntó.

—Lo quemé —respondió Jekyll—, antes de reflexionar acerca de lo que estaba haciendo. Pero no tenía matasellos. La nota fue entregada personalmente.

—¿Puedo guardarla y consultar esto con la almohada? —preguntó Utterson.

—Quisiera que usted tomara la decisión por completo —fue la respuesta—. He perdido confianza en mí mismo.

—Bien, lo consideraré —replicó el abogado—. Y ahora una palabra más: ¿Fue Hyde quien dictó los términos de su testamento en relación con esa desaparición?

El doctor pareció sentir una náusea de debilidad; cerró su boca con fuerza y asintió con la cabeza.

—Lo sabía —dijo Utterson—. Tenía la intención de asesinarlo. Logró escapar bien.

—He logrado algo mucho más importante para el caso —replicó el doctor solemnemente—, he aprendido una lección. ¡Oh Dios, Utterson, qué lección he aprendido! –Y se cubrió el rostro con las manos por un momento.

A la salida, el abogado se detuvo e intercambió una o dos palabras con Poole.

–A propósito –dijo–, hoy trajeron una carta: ¿Cómo era el mensajero? –Pero Poole estaba seguro de que nada había llegado que no fuera por correo–. Y por ese medio sólo circulares –añadió–.

Esta noticia despidió al visitante con sus temores renovados. Era evidente que la carta había llegado por la puerta del laboratorio; posiblemente había sido escrita en el despacho; y si era así, debía ser juzgada de forma diferente, y tratada con mayor cautela. A su paso, los vendedores de periódicos enronquecían gritando a lo largo de las aceras: "Edición especial. Repugnante asesinato de un miembro del Parlamento". Esa era la oración fúnebre por un amigo y cliente; y él no pudo evitar una cierta aprensión a que el buen nombre de otro se viera inmerso en el torbellino del escándalo. Era una decisión delicada la que tenía que tomar; y aunque normalmente tenía confianza en sí mismo, comenzó a anhelar un consejo. Éste no podía ser obtenido directamente; pero tal vez, pensó, podría pescarlo.

Poco después, se sentaba a un lado de su propia chimenea con Mr. Guest, su escribiente, del otro lado; y entre los dos, a una distancia bien calculada del fuego, la botella de un vino particularmente añejo, que había permanecido largo tiempo en las bodegas de la casa sin ver la luz del sol. La niebla todavía dormía con sus alas extendidas sobre la ahogada ciudad, donde los faroles brillaban débilmente como carbúnculos; y entre el envolvente y asfixiante velo de estas nubes caídas, la procesión de la vida de la ciudad seguía corriendo por las grandes arterias con el sonido de un poderoso viento. Pero la luz del fuego alegraba la habitación. En la botella, hacía mucho que los ácidos se habían disuelto; el tinte imperial se había suavizado con el tiempo, como los colores se enriquecen en los vitrales de colores; y la incandescencia de cálidas tardes de otoño en viñedos de laderas, estaba lista para ser liberada y disipar las nieblas de Londres. El abogado se fue ablandando imperceptiblemente. No había otro hombre a quien guardara menos secretos que a Mr. Guest; y no estaba seguro de guardar tantos como pretendía. Guest había ido muchas veces a casa del doctor por asuntos de negocios; conocía a Poole; era muy probable que hubiera oído acerca de la familiaridad de Mr. Hyde en la casa; podría sacar conclusiones. ¿No debería, entonces, leer una carta que aclaraba el misterio?, y sobre todo, puesto que Guest era un gran estudioso y crítico de la caligrafía, ¿no consideraría este paso como natural y obligatorio? Además, el escribiente era un hombre dado a los consejos; sería muy raro que leyera un documento tan extraño sin hacer un comentario; y gracias a este comentario Mr. Utterson podría determinar su conducta futura.

–Es un triste asunto el de sir Danvers –dijo.

–Sí, señor, realmente lo es. Ha despertado gran pasión entre la gente –replicó Guest–. Ese hombre, por supuesto, estaba loco.

–Me gustaría oír su opinión acerca de eso –respondió Utterson–. Aquí tengo un documento con su letra; esto es entre nosotros, pues no sé muy bien qué hacer con él; en el mejor de los casos, es un feo asunto. Pero aquí está; justo en su camino: el autógrafo de un asesino.

Los ojos de Guest brillaron, y se sentó inmediatamente a estudiarlo con pasión.

–No, señor –dijo–, no está loco; pero es una escritura extraña.

–Y bajo cualquier consideración, un escritor muy extraño –añadió el abogado.

En ese instante entró el criado con una nota.

–¿Es del doctor Jekyll, señor? –inquirió el escribiente–. Creí reconocer la letra. ¿Es algo privado, Mr. Utterson?

–Es sólo una invitación para cenar. ¿Por qué? ¿Quiere verla?

–Sólo un momento. Gracias, señor –y el escribiente puso las dos hojas de papel lado a lado y comparó sus contenidos cuidadosamente–. Gracias, señor –dijo por fin, devolviendo ambas–: es un autógrafo muy interesante.

Hubo una pausa, durante la cual Mr. Utterson luchó consigo mismo.

–¿Por qué las comparó, Guest? –inquirió repentinamente.

–Bien, señor –respondió el escribiente–, hay una semejanza bastante singular. Las dos escrituras son idénticas en muchos aspectos; sólo son diferentes en la inclinación.

–Bastante curioso –dijo Utterson.

–Es bastante curioso, como usted dice –replicó Guest.

–Yo no hablaría de esta nota, ¿sabe? –dijo el amo.

–No, señor –dijo el escribiente–. Entiendo.

Pero esa noche, tan pronto como Mr. Utterson se quedó sólo, guardó la nota con llave en su caja fuerte, donde permaneció de ahí en adelante.

«¡Cómo! –pensó–, ¡que Henry Jekyll falsifique por un asesino!» Y se le heló la sangre en las venas.

El singular incidente del doctor Lanyon

Pasó el tiempo; se ofrecieron miles de libras de recompensa, pues la muerte de sir Danvers fue tomada como una ofensa pública; pero Mr. Hyde había desaparecido del alcance de la policía como si nunca hubiera existido. Gran parte de su pasado fue desenterrado, y todo en él era vergonzoso: se dieron a conocer relatos de la crueldad de este hombre, al tiempo insensible y violento; de su infame vida, de sus extrañas relaciones, del odio que parecía haberse extendido por toda su carrera; pero de su paradero actual, ni un rumor. Desde que abandonó la casa de Soho en la mañana del asesinato, se había simplemente esfumado; y gradualmente, con el pasar del tiempo, Mr. Utterson comenzó a recuperarse de la vehemencia de su alarma, y a encontrar mayor paz consigo mismo. La muerte de sir Danvers, para su manera de pensar, había sido más que compensada con la desaparición de Mr. Hyde. Ahora que esa maligna influencia había sido eliminada, comenzó una nueva vida para el doctor Jekyll. Salió de su aislamiento, reanudó las relaciones con sus amigos, se convirtió una vez más en invitado y anfitrión frecuente de éstos; y si siempre había sido conocido por sus obras de caridad, no era ahora menos distinguido por su fervor religioso. Era activo, pasaba mucho tiempo al aire libre, hacía el bien; su rostro parecía más honesto y como iluminado por una consciencia interior de servicio; y por más de dos meses, el doctor vivió en paz.

El 8 de enero Utterson había cenado en casa del doctor con un pequeño grupo de invitados. Lanyon había estado allí, y la mirada del anfitrión había ido del uno al otro como en los viejos tiempos cuando los tres eran amigos inseparables. El día 12, y nuevamente el 14, las puertas le fueron cerradas al abogado.

–El doctor está confinado en la casa –dijo Poole– y no ve a nadie.

El 15 intentó de nuevo, y de nuevo fue rechazado; y habiéndose acostumbrado durante los dos últimos meses a ver a su amigo casi a diario, encontró que su retorno a la soledad pesaba sobre su espíritu. A la quinta noche invitó a Guest a cenar con él; y a la sexta acudió a casa del doctor Lanyon.

Al menos allí no se le negó el acceso; pero cuando entró, se sobresaltó ante el cambio que había sufrido la apariencia del doctor. Tenía su propia sentencia de muerte escrita de forma legible sobre el rostro. El hombre rubicundo se había vuelto pálido, había perdido carnes, estaba visiblemente más calvo y más envejecido; pero no fueron estas señales de un acelerado decaimiento físico las que llamaron la atención del abogado, sino la expresión de su mirada y la cualidad de su comportamiento que parecían atestiguar algún terror profundamente asentado en su mente. Era improbable que el doctor temiera a la muerte; y sin embargo eso era lo que Utterson estaba tentado a sospechar. «Sí –pensó–; es un médico, debe conocer su propio estado y saber que sus días están contados; y ese conocimiento es superior a sus fuerzas.» No obstante, cuando Utterson hizo un comentario acerca de su aspecto enfermizo, con aire de gran firmeza Lanyon se declaró a sí mismo un hombre condenado.

–He recibido un golpe –dijo– y nunca me recuperaré. Es cuestión de semanas. Bien, la vida ha sido agradable, la apreciaba. Sí, señor, solía apreciarla. A veces pienso que si lo supiéramos todo, estaríamos más contentos de irnos.

–Jekyll también está enfermo –observó Utterson– ¿Lo ha visto?

Pero el rostro de Lanyon cambió, y levantó una mano temblorosa.

–No deseo oír hablar del doctor Jekyll nunca más, ni verlo tampoco –dijo en voz alta e insegura–. He terminado con esa persona, y le ruego que me evite cualquier alusión a quien considero como muerto.

–¡Vaya! –dijo Mr. Utterson; y después de una pausa considerable, inquirió–: ¿Puedo hacer algo? Los tres somos muy viejos amigos, Lanyon; no viviremos lo suficiente para hacer otros.

–No se puede hacer nada –replicó Lanyon– pregúntele a él mismo.

—No me quiere ver —dijo el abogado.

—Eso no me sorprende —fue la respuesta—. Algún día, Utterson, cuando yo esté muerto, usted tal vez pueda llegar a saber lo bueno y lo malo de esto. Yo no puedo contarle. Y mientras tanto, si puede sentarse y conversar conmigo de otras cosas, por el amor de Dios, quédese y hágalo; pero si no puede evitar ese tema maldito, entonces, en el nombre de Dios, váyase, pues no puedo soportarlo.

Tan pronto como llegó a casa, Utterson se sentó a escribirle a Jekyll, quejándose de ser excluido de su casa, y preguntando la causa de esta desdichada ruptura con Lanyon; y al día siguiente recibió una larga respuesta, redactada en general de forma patética, y a veces con intención oscura y misteriosa. La disputa con Lanyon era irremediable: «No culpo a nuestro viejo amigo —escribió Jekyll—, pero comparto su opinión de que no nos debemos encontrar nunca. Tengo la intención de llevar una vida de extremo aislamiento de ahora en adelante; no debe sorprenderse, ni debe dudar de mi amistad, si a menudo mi puerta está cerrada aun para usted. Debe permitirme que siga mi sombrío camino. He atraído sobre mí un castigo y un peligro que no puedo nombrar. Si soy el mayor de los pecadores, soy también el mayor de los desdichados. No había pensado que esta tierra contuviera un lugar de sufrimientos y de terrores tan inhumano; y usted sólo puede hacer una cosa, Utterson, para aliviar este destino, y eso es respetar mi silencio.» Utterson quedó atónito; la influencia maligna de Hyde había desaparecido, el doctor había regresado a sus antiguas labores y amistades; hace una semana, el porvenir le había sonreído con la promesa de una vejez honorable y alegre; y ahora, en un momento, la amistad, la tranquilidad de conciencia, y todo el tenor de su vida habían zozobrado. Un cambio tan grande e imprevisto apuntaba a la locura; pero en vista del comportamiento y de las palabras de Lanyon, debe existir un motivo mucho más profundo para éste.

Una semana después, el doctor Lanyon cayó en cama, y en un poco menos de dos semanas estaba muerto. La noche después del funeral, que lo había afectado dolorosamente, Utterson se encerró con llave en su despacho, y sentado a la luz de una melancólica vela, sacó y puso ante sí un sobre cuya dirección estaba escrita a mano y marcado con el sello de su difunto amigo. "PRIVADO: para G. J. Utterson SOLAMENTE, y en caso de que éste muera antes, *destrúyase sin leerlo*", así estaba enfáticamente inscrito; y el abogado temía mirar el contenido. «Hoy he enterrado a un amigo –pensó–, ¿qué tal que esto me cueste otro?» Y luego reprobó su temor como una deslealtad, y rompió el sello. Dentro había otro sobre, sellado de la misma manera, y sobre el que estaba marcado: "No abrir hasta la muerte o desaparición del doctor Henry Jekyll". Utterson no podía creer lo que veía. Sí, era desaparición; como en el insensato testamento que hacía tiempo había devuelto a su autor, aquí otra vez la idea de una desaparición y el nombre de Henry Jekyll estaban asociados. Pero en el testamento, esa idea había surgido de la siniestra sugerencia de ese hombre Hyde; había sido puesta ahí con un motivo demasiado obvio y horrible. Escrita por Lanyon, ¿qué podría significar? Una gran curiosidad se apoderó del testamentario, y quiso ignorar la prohibición y sumergirse de una vez hasta lo más profundo de estos misterios. Pero el honor profesional y la lealtad a su amigo muerto eran deberes ineludibles, y el paquete durmió en lo más recóndito de su caja fuerte.

Una cosa es controlar la curiosidad, y otra vencerla; y es poco probable que, desde ese día, Utterson deseara la compañía de su amigo sobreviviente con el mismo anhelo. Pensaba en él afectuosamente, pero sus pensamientos estaban llenos

de inquietud y de temor. Desde luego, fue a visitarlo; pero tal vez sentía alivio de que se le negara la admisión; tal vez, en su corazón, prefería hablar con Poole en el umbral de la puerta y rodeado por el aire y los sonidos de la ciudad abierta, en lugar de ser recibido en esa casa de cautiverio voluntario, y sentarse a hablar con su inescrutable recluso. Poole, en efecto, no tenía noticias muy agradables que comunicar. Parecía que ahora más que nunca el doctor se había confinado a sí mismo en el despacho encima del laboratorio, donde incluso dormía a veces; estaba desanimado, se había vuelto muy silencioso, no leía; parecía que tenía algo en la cabeza. Utterson se acostumbró tanto al carácter invariable de estos informes, que poco a poco disminuyó la frecuencia de sus visitas

Incidente en la ventana

Sucedió que un domingo, cuando Mr. Utterson daba su paseo habitual con Mr. Enfield, su camino los llevó una vez más a través de la callejuela; y cuando pasaron frente a la puerta, los dos se detuvieron a mirarla.

–Bien –dijo Enfield– al menos esa historia ha terminado. No veremos nunca más a Mr. Hyde.

–Espero que no –dijo Utterson– ¿Ya le conté que una vez lo vi, y compartí su sentimiento de repulsión?

–Era imposible hacer lo uno sin lo otro –replicó Enfield–. Y a propósito, ¡qué idiota me ha debido creer por no saber que ésta era la entrada trasera a la casa del doctor Jekyll! Fue en parte por culpa suya que me enteré cuando lo hice.

–Así que se enteró –dijo Utterson–. Pero si es así, podemos entrar en el patio y echar un vistazo a la ventanas. Para decirle la verdad, estoy intranquilo acerca del pobre Jekyll; y siento que, aun desde afuera, la presencia de un amigo puede hacerle bien.

El patio estaba muy frío y un poco húmedo, y pleno de un ocaso prematuro, aunque allá arriba, en el cielo, brillaba aún el sol poniente. De las tres ventanas, la del medio estaba medio abierta; y sentado junto a ella, tomando el aire con un semblante de infinita tristeza, como algún desconsolado prisionero, Utterson vio al doctor Jekyll.

–¡Cómo! ¡Jekyll! –gritó–. Confío en que está usted mejor.

–Estoy muy deprimido, Utterson –replicó el doctor melancólicamente–, muy deprimido. Esto no durará mucho, gracias a Dios.

–Usted pasa mucho tiempo en casa –dijo el abogado–. Debe salir, estimular la circulación como

Mr. Enfield y yo. (Mi primo, Mr. Enfield... el doctor Jekyll). Vamos, tome su sombrero y venga a dar una rápida vuelta con nosotros.

—Usted es muy bueno —suspiró el otro—. Me gustaría mucho; pero no, no, no, es completamente imposible; no me atrevo. Pero de verdad, Utterson, estoy muy contento de verlo; es realmente un gran placer. Le pediría a usted y a Mr. Enfield que entraran, pero el lugar no está como para recibir visitas.

—Pues entonces —dijo el abogado de buen humor—, lo mejor que podemos hacer es quedarnos aquí y hablar con usted desde donde estamos.

—Eso es justamente lo que me iba a atrever a proponer —replicó el doctor con una sonrisa. Pero no alcanzó a pronunciar estas palabras, cuando la sonrisa desapareció de su rostro y fue reemplazada por una expresión de terror y de desesperación tan abyectos, que heló la sangre de los dos caballeros que se encontraban abajo. Ellos sólo la vieron un instante, pues la ventana fue cerrada inmediatamente; pero ese vistazo había sido suficiente: dieron la vuelta y abandonaron el patio sin decir palabra. También en silencio atravesaron la callejuela; y sólo cuando llegaron a una calle vecina, que aun los domingos tenía cierto movimiento,

Mr. Utterson se volvió por fin para mirar a su compañero. Ambos estaban pálidos; y había una réplica de horror en sus ojos.

–¡Dios nos perdone! ¡Dios nos perdone! –dijo Mr. Utterson.

Pero Mr. Enfield tan sólo asintió con la cabeza muy serio, y continuó caminando en silencio.

La última noche

Una noche después de cenar, estaba Mr. Utterson sentado junto al fuego, cuando fue sorprendido por una visita de Poole.

–¡Válgame Dios, Poole! ¿Qué lo trae por aquí? –exclamó; y luego volviéndolo a mirar agregó–: ¿Qué lo aflige? ¿Está el doctor enfermo?

–Mr. Utterson –dijo el hombre–, ocurre algo malo.

–Siéntese, y tome esta copa de vino –dijo el abogado–. Ahora, tómese su tiempo, y dígame claramente lo que quiere.

–Usted conoce el comportamiento del doctor, señor –replicó Poole–, y cómo suele encerrarse. Bien, se ha encerrado de nuevo en el despacho; y eso no me gusta, señor. ¡Que me muera si eso me gusta! Mr. Utterson, tengo miedo.

–Ahora, mi buen hombre –dijo el abogado–, sea explícito. ¿De qué tiene miedo?

–He tenido miedo por cerca de una semana –replicó Poole, ignorando obstinadamente la pregunta–, y no lo puedo soportar más.

La apariencia del hombre confirmaba ampliamente sus palabras. Su comportamiento estaba completamente alterado y, a excepción del momento en el que había anunciado su terror, no había mirado una sola vez al abogado a la cara. Aun ahora, estaba sentado con la copa de vino sin probar sobre sus rodillas, y con los ojos dirigidos a un rincón del piso.

–No puedo soportarlo más –repitió.

–Vamos –dijo el abogado– veo que tiene una buena razón, Poole; veo que hay algo que está seriamente fuera de lugar. Trate de decirme lo que es.

–Creo que ha ocurrido algo sucio –dijo Poole con voz ronca.

–¡Algo sucio! –exclamó el abogado muy asustado y, en consecuencia, bastante inclinado a irritarse–. ¿Cómo, algo sucio? ¿Qué quiere decir?

–No me atrevo a decirlo, señor –fue la respuesta–; pero, ¿por qué no viene usted conmigo y ve con sus propios ojos?

La única respuesta de Mr. Utterson fue levantarse y tomar su sombrero y su abrigo. Pero observó con asombro el gran alivio que se mostró en el rostro del mayordomo y, tal vez con no menos asombro, que había dejado el vino sin probar para seguirlo.

Era una noche tormentosa y fría, propia del mes marzo, con una luna pálida recostada sobre su espalda como si el viento la hubiera volcado, y un ligero celaje de la más diáfana y suave textura. El viento hacía difícil hablar, y enrojecía el rostro. Parecía, además, haber barrido las calles, extrañamente desprovistas de transeúntes; pues Mr. Utterson pensó que nunca había visto tan desierta esa parte de Londres. Hubiera deseado que fuera de otra manera; jamás en su vida había sido consciente de un deseo tan intenso de ver y tocar a sus semejantes; pues a pesar de luchar tanto como podía contra él, había nacido en su mente el aplastante presentimiento de una calamidad. La plaza, cuando llegaron, estaba invadida por el viento y el polvo, y los delgados árboles del jardín se azotaban entre sí a lo largo de la verja. Poole, que todo el tiempo se había mantenido uno o dos pasos adelante, se detuvo ahora en mitad del pavimento, y a pesar del frío que calaba los huesos, se quitó el sombrero y se secó la frente con un pañuelo rojo. Con todo y la prisa por llegar, no era el rocío del esfuerzo lo que se enjugaba, sino la humedad de alguna sofocante angustia; pues su rostro estaba pálido y su voz, cuando hablaba, era áspera y quebrada.

–Bien, señor –dijo– aquí estamos, y quiera Dios que no haya pasado nada malo.

–Amén, Poole –dijo el abogado.

Acto seguido el criado golpeó con mucha cautela; la puerta se entreabrió con la cadena de seguridad puesta; y una voz preguntó desde adentro:

–¿Es usted, Poole?

–Sí, soy yo –dijo Poole–. Abran la puerta.

Cuando entraron, el vestíbulo estaba brillantemente iluminado; el fuego ardía con fuerza; y todos los criados, hombres y mujeres, estaban acurrucados junto a la chimenea como un rebaño de ovejas. Al ver a Mr. Utterson, la doncella estalló en sollozos histéricos; y la cocinera, gritando «¡Bendito sea Dios! Es Mr. Utterson», corrió hacia él como para tomarlo entre sus brazos.

–¿Cómo? ¿Cómo? ¿Todos están aquí? –dijo el abogado de mal humor–. Muy anormal, muy poco adecuado; esto no agradaría a su amo.

–Todos tienen miedo –dijo Poole.

Siguió un silencio absoluto, en el que nadie protestó; sólo la doncella alzó la voz y se puso a llorar con fuerza.

–¡Cállese! –le dijo Poole, con una ferocidad de tono que era prueba de que sus propios nervios estaban alterados; y de hecho, cuando la muchacha alzó de repente la nota de sus lamentaciones, todos se sobresaltaron y se volvieron hacia la puerta interior con rostros de temerosa expectación.

–Y ahora –continuó el mayordomo, dirigiéndose al mozo–, alcánceme una vela y acabemos con esto de una vez.

Y luego rogó a Mr. Utterson que lo siguiera, y lo condujo al jardín posterior.

–Ahora, señor –dijo– camine tan sigilosamente como pueda. Quiero que oiga, pero no quiero que lo oigan a usted. Y póngame atención, señor, si por alguna razón él le pide que entre, no lo haga.

Los nervios de Mr. Utterson, ante este inesperado final, le dieron una sacudida que casi lo hacen perder el equilibrio; pero recobró su valor y siguió al mayordomo al interior del edificio del laboratorio y a través del anfiteatro, con sus botellas y cajones amontonados, hasta llegar al pie de la escalera. Allí Poole le indicó que permaneciera a un lado y escuchara; mientras él, poniendo la vela en el piso y haciendo un enorme y obvio llamado a su determinación, subió las escaleras y tocó con mano un tanto insegura sobre la bayeta roja de la puerta del despacho.

–Señor, Mr. Utterson pide verlo –dijo; y mientras hablaba, hacía una vez más señas enérgicas al abogado para que escuchara atentamente.

Una voz contestó desde dentro, de manera quejumbrosa:

–Dígale que no puedo ver a nadie.

–Gracias, señor –dijo Poole, con un tono de voz algo cercano al triunfo; y volviendo a tomar su vela, condujo a Mr. Utterson a través del patio, hasta la cocina principal, en la que el fuego estaba apagado y los escarabajos brincaban por el piso.

–Señor –dijo, mirando a Mr. Utterson a los ojos–, ¿era ésa la voz de mi amo?

–Parece muy cambiada –replicó el abogado, muy pálido, pero devolviéndole la mirada.

–¿Cambiada?, sí, eso creo –dijo el mayordomo–. ¿He estado veinte años en casa de este hombre, para equivocarme con respecto a su voz? No, señor; el amo fue eliminado; él fue eliminado, hace ocho días, cuando lo oímos gritar invocando el nombre de Dios. ¡Y *quién* ocupa su lugar, y *por qué* permanece ahí, es algo que clama al cielo, Mr. Utterson!

–Es una historia muy extraña, Poole; es una historia un poco disparatada –dijo Mr. Utterson, mordiéndose el dedo–. Supongamos que es como usted dice, supongamos que el doctor Jekyll haya sido... bueno, asesinado, ¿qué podría inducir al asesino a quedarse? Eso no es convincente; no se atiene a la razón.

–Bien, Mr. Utterson, es usted un hombre difícil de convencer, pero ya lo lograré –dijo Poole–. Durante toda esta semana (usted tiene que saberlo), él o eso, o lo que viva en ese despacho, ha estado noche y día pidiendo a gritos una especie de medicina, y no se le puede satisfacer. Era su costumbre –la del amo, quiero decir– escribir sus órdenes en una hoja de papel y tirarla a la escalera. Eso es todo lo que hemos obtenido esta semana; tan sólo papeles y una puerta cerrada, y hasta las comidas son dejadas ahí para que él se las lleve a escondidas cuando nadie está mirando. Bien, señor, todos los días, ¡ay!, dos y tres veces en un mismo día, ha habido órdenes y quejas, y yo he sido enviado corriendo a todos los proveedores de drogas de la ciudad. Cada vez que traía la sustancia, había otro papel diciéndome que la devolviera porque no era pura, y otra orden para una casa diferente. Quiere esa droga desesperadamente, señor, sea para lo que sea.

–¿Usted tiene alguno de estos papeles? –preguntó Mr. Utterson.

Poole registró su bolsillo y sacó una nota arrugada, que el abogado, acercándose a la vela, examinó cuidadosamente. Decía así: "El doctor Jekyll presenta sus saludos a los señores Maw. Les asegura que su última muestra es impura y completamente inútil para su propósito presente. En el año 18..., el doctor J. compró a los señores M. una cantidad considerable. Ahora les ruega buscar con el mayor cuidado y, si llegara a quedar alguna de la misma calidad, enviársela inmediatamente. El costo no es relevante. Difícilmente se puede exagerar la importancia que para el doctor J. tiene esto." Hasta aquí la carta había sido escrita con la suficiente compostura, pero la emoción del escritor se había desatado con bruscas salpicaduras de tinta. "Por el amor de Dios" había añadido, "encuéntreme alguna cantidad de la antigua".

–Es una nota extraña –dijo Mr. Utterson, y luego de manera cortante–: ¿Por qué está abierta?

–El hombre de la casa Maw estaba muy enojado, señor, y me la arrojó como si fuera basura –replicó Poole.

–Esta es indudablemente la letra del doctor, ¿lo sabe usted? –reanudó el abogado.

–Así me lo pareció –dijo el criado un poco malhumorado; y luego, con otra voz–: ¿pero qué importa la letra? Yo lo he visto.

–¿Lo ha visto? –repitió Mr. Utterson– .¿Y bien?

—¡Eso es todo! —dijo Poole—. Sucedió de esta manera: entré repentinamente al anfiteatro desde el jardín. Parece que él había salido sigilosamente a buscar su droga o lo que fuera; pues la puerta del despacho estaba abierta, y ahí estaba él, al otro extremo de la habitación, hurgando entre los cajones. Alzó la mirada cuando entré, dio una especie de grito, y subió a su despacho a toda prisa. Sólo lo vi un minuto, y se me pusieron los pelos de punta. Señor, si ese era mi amo, ¿por qué llevaba una máscara en el rostro? Si era mi amo, ¿por qué chilló como una rata, y huyó de mí? He estado a su servicio por mucho tiempo. Y luego... —el hombre hizo una pausa y se pasó la mano por la cara.

—Todas éstas son circunstancias muy extrañas —dijo Mr. Utterson— pero creo que comienzo a ver claro. Su amo, Poole, ha sido claramente afectado por una de esas enfermedades que a la vez torturan y deforman a quien las padece; de ahí, a mi entender, la alteración de su voz; de ahí la máscara y el evitar ver a sus amigos; de ahí la impaciencia por encontrar esa droga, de la cual el pobre espera una recuperación definitiva. ¡Quiera Dios que no se engañe! Esa es mi explicación; es bastante triste, Poole, y horroriza considerarla; pero es clara y natural, es consistente, y nos libra de toda alarma exagerada.

–Señor –dijo el mayordomo, poniéndose de una palidez como jaspeada–, esa cosa no era mi amo, y esa es la verdad. Mi amo –aquí miró a su alrededor y comenzó a susurrar– es un hombre alto y bien proporcionado, y éste era más bien un enano. –Utterson intentó protestar–. Oh, señor –exclamó Poole–, ¿usted cree que no conozco a mi amo después de veinte años? ¿Usted cree que no sé hasta dónde llega su cabeza en la puerta del despacho, donde lo he visto todas las mañanas de mi vida? No, señor, esa cosa enmascarada no era para nada el doctor Jekyll: sólo Dios sabe lo que era, pero no era para nada el doctor Jekyll; y creo con todo mi corazón que se ha cometido un asesinato.

–Poole –replicó el abogado– si usted dice eso, mi deber será cerciorarme. Por mucho que no desee herir los sentimientos de su amo, por muy perplejo que haya quedado por esta nota que parece probar que él está vivo todavía, consideraré que es mi deber forzar esa puerta.

–¡Ah, Mr. Utterson, así se habla! –exclamó el mayordomo.

–Y ahora viene la segunda pregunta –reanudó Utterson–. ¿Quién va a hacerlo?

–Usted y yo, naturalmente –fue la valiente respuesta.

–Eso está muy bien dicho –reanudó el abogado–; y pase lo que pase, yo me encargaré de que usted no salga perjudicado.

–Hay un hacha en el anfiteatro –continuó Poole–; y usted podría utilizar el atizador de la cocina.

El abogado tomó en su mano ese rudo pero pesado instrumento, y lo balanceó.

–¿Sabe, Poole –dijo, alzando la vista– que usted y yo estamos a punto de ponernos en una situación algo peligrosa?

–Así se puede decir, señor, en efecto –replicó el mayordomo.

–Estaría bien, entonces, que fuéramos francos –dijo el otro–. Ambos pensamos más de lo que hemos dicho; digámonos la verdad. Esa figura enmascarada que usted vio, ¿pudo reconocerla?

–Bien, señor, pasó tan rápido y la criatura estaba tan encorvada, que difícilmente podría jurarlo –fue la respuesta–. Pero si lo que me quiere preguntar es si ese era Mr. Hyde, pues, sí, ¡creo que sí lo era! Mire usted, tenía más o menos su mismo tamaño, y la misma manera rápida y ligera de andar; y además, ¿quién otro podía haber entrado por la puerta del laboratorio? ¿Se ha usted olvidado, señor, que en la época del asesinato él todavía tenía la llave? Pero eso no es todo. No sé, Mr. Utterson, si alguna vez conoció usted a éste Mr. Hyde.

–Sí –dijo el abogado–. Hablé con él una vez.

–Entonces usted debe saber tan bien como todos nosotros que había algo extraño respecto a ese caballero, algo que asustaba. No sé cómo decirlo correctamente, señor, además de que se sentía en la médula algo como frío y cortante.

–Admito que sentí algo de lo que usted describe –dijo Mr. Utterson.

–Así es, señor –replicó Poole–. Bien, cuando esa cosa enmascarada saltó como un mono de entre los productos químicos y corrió hacia el despacho, sentí como si un hielo bajara por mi columna. Oh, ya sé que no es una prueba, Mr. Utterson, soy lo suficientemente instruido para saberlo; pero un hombre tiene sus presentimientos, y ¡le juro sobre la Biblia que era Mr. Hyde!

–Ay, ay –dijo el abogado–. Mis temores se inclinan hacia eso mismo. El mal, me temo, fue fundado, era seguro que el mal vendría, de esa relación. Ay, de verdad que le creo; creo que el pobre Henry ha sido asesinado; y que su asesino (sólo

Dios sabe con qué motivo), está todavía escondido en la habitación de su víctima. Bien, seamos su venganza. Llame a Bradshaw.

El lacayo acudió al llamado, muy pálido y nervioso.

—Domínese Bradshaw —dijo el abogado—. Sé que este suspenso está afectándolos a todos; pero nuestra intención es ponerle fin. Poole y yo vamos a entrar por la fuerza en el despacho. Si todo está bien, mis hombros son lo suficientemente anchos para cargar con la responsabilidad. Mientras tanto, por si verdaderamente ha ocurrido algo fuera de lo normal o algún malhechor busca escapar por atrás, usted y el mozo deben ir a la vuelta de la esquina con un par de buenos palos y situarse frente a la puerta del laboratorio. Les damos diez minutos para llegar a sus puestos.

Cuando Bradshaw se fue, el abogado miró su reloj.

—Y ahora, Poole, vayamos a lo nuestro —dijo; y llevando el atizador bajo su brazo, condujo la marcha hasta el patio. El celaje había cubierto la luna, y ahora estaba completamente obscuro. El viento, que sólo irrumpía en ráfagas y corrientes dentro de ese pozo profundo que formaban los edificios, sacudía la luz de la vela de un lado a otro en torno a sus pasos, hasta que entraron al abrigo del anfiteatro, donde se sentaron a esperar silenciosamente. Londres susurraba con solemnidad en derredor; pero de cerca, el silencio sólo era interrumpido por los sonidos de unos pasos moviéndose de un lado a otro del piso del despacho.

—Así camina todo el día, señor —susurró Poole—; ¡ay!, y la mayor parte de la noche. Sólo hace una pequeña pausa cuando llega una nueva muestra de la farmacia. ¡Ah, es la mala conciencia que es tan enemiga del descanso! Ah, señor, ¡hay sangre derramada de manera criminal en cada uno de sus pasos! Pero escuche nuevamente, un poco más de cerca; ponga su corazón en sus oídos, Mr. Utterson, y dígame, ¿es esa la pisada del doctor?

Aunque lentos, los pasos sonaban ligeros y extraños, con un cierto tambaleo; era en efecto diferente del pesado y crujiente caminar de Henry Jekyll. Utterson suspiró.

—¿Hay algo más? —preguntó.

Poole asintió.

—Una vez —dijo—. ¡Una vez lo oí llorar!

—¿Llorar? ¿Cómo es eso? —dijo el abogado, consciente de un repentino escalofrío de horror.

–Llorar como una mujer o un alma en pena –dijo el mayordomo–. Me alejé con tal peso en mi corazón, que también habría podido llorar.

Pero los diez minutos llegaban entonces a su término. Poole desenterró el hacha de entre una pila de paja para empacar; colocaron la vela sobre la mesa más cercana para que los iluminara en el ataque; y se acercaron con angustia al lugar donde los pacientes pasos seguían su ir y venir, ir y venir, en el silencio de la noche.

–Jekyll –gritó Utterson con todas sus fuerzas–, exijo verlo. –Esperó un momento, pero no hubo respuesta–. Le advierto honradamente, se han despertado nuestras sospechas, tengo que verlo y voy a hacerlo –continuó–; si no es por las buenas, entonces por las malas... ¡si no es con su consentimiento, entonces por la fuerza bruta!

–Utterson –dijo la voz– ¡por el amor de Dios, tenga piedad!

–Ah, esa no es la voz de Jekyll. ¡Es la de Hyde! –exclamó Utterson–. ¡Abajo la puerta, Poole!

Poole blandió el hacha sobre su hombro; el golpe estremeció el edificio, y el lienzo rojo que cubría la puerta saltó contra la cerradura y las bisagras. Un lúgubre chillido, como de terror puramente animal, salió del despacho. El hacha volvió a ser alzada, y otra vez se oyó el estrépito de los paneles y el marco vibró; cuatro veces cayeron los golpes; pero la madera era dura y los herrajes de excelente manufactura; sólo al quinto estalló la cerradura en pedazos y los restos de la puerta cayeron adentro, sobre el tapete.

Los asaltantes, aterrorizados por su propio estruendo y por la quietud que siguió, retrocedieron un poco y miraron al interior. Ahí estaba el despacho ante sus ojos, bajo la tranquila luz de la lámpara; un buen fuego resplandeciente y crepitante en la chimenea, la tetera cantando su débil tonada, uno o dos cajones abiertos, papeles ordenados cuidadosamente en la mesa de trabajo y, más cerca del fuego, el servicio del té dispuesto para ser servido: el más tranquilo de los cuartos, se habría dicho, y, salvo por las vitrinas llenas de químicos, el más trivial en Londres esa noche.

Justo en el medio yacía el cuerpo de un hombre terriblemente contraído y todavía sacudido por espasmos. Se acercaron de puntillas, lo volvieron boca arriba y vieron el rostro de Edward Hyde. Estaba vestido con ropas demasiado grandes para él, ropas del tamaño del doctor; los nervios de su cara se movían aún con apariencia de vida, pero la vida lo había abandonado por completo: y por la redoma rota en su mano y el fuerte olor a almendras que flotaba en el aire, Utterson supo que estaba mirando el cuerpo de un suicida.

–Hemos llegado demasiado tarde –dijo severamente–, ya sea para salvar o para castigar. Hyde se ha ido a rendir cuentas; y sólo nos queda encontrar el cuerpo de su amo.

La mayor parte del edificio la ocupaba el anfiteatro, que abarcaba casi todo el primer piso y era iluminado desde arriba; y el despacho, que formaba un segundo piso en uno de los extremos y daba al patio. Un corredor unía el anfiteatro con la puerta de la callejuela; y el despacho comunicaba con ésta separadamente por una segunda escalera. Había además unos cuantos armarios oscuros y un espacioso sótano. Todo fue registrado cuidadosamente. Bastaba echar un vistazo en los armarios, pues estaban vacíos, y todos, a juzgar por el polvo que caía de sus puertas, habían permanecido largo tiempo sin abrir. El sótano, en cambio, estaba lleno de trastos disparatados, en su mayor parte de la época del cirujano que había precedido a Jekyll; pero al abrir la puerta se dieron cuenta de la inutilidad de seguir buscando, pues cayó

una perfecta red de telarañas que había sellado la entrada durante años. No había rastros de Henry Jekyll por ninguna parte, ni vivo ni muerto.

Poole golpeó con el pie las losas del pasillo.

—Él debe estar enterrado aquí —dijo, escuchando el sonido.

—O pudo haber escapado —dijo Utterson, y se volvió para examinar la puerta de la callejuela. Estaba cerrada; pero encontraron la llave muy cerca, sobre las losas, ya oxidada.

—No parece usada —observó el abogado.

—¡Usada! —repitió Poole— ¿No ve, señor, que está rota?, como si alguien la hubiera pisoteado.

—¡Ay! —continuó Utterson— y las fracturas también están oxidadas. —Los dos hombres se miraron asustados—. No llego a comprender esto, Poole, —dijo el abogado—. Volvamos al despacho.

Subieron la escalera en silencio, y todavía dirigiendo una mirada ocasional de espanto al cadáver, procedieron a examinar con más cuidado el contenido del despacho. En una mesa había rastros de trabajos químicos, varios montoncitos medidos de una sal blanca habían sido colocados en platos pequeños de vidrio, como para un experimento que se le había impedido realizar al infeliz hombre.

—Esa es la misma droga que yo siempre le traía —dijo Poole; y mientras hablaba, la tetera comenzó a rebosar con un ruido sobrecogedor.

Esto los llevó a la chimenea, junto a la cual se hallaba cómodamente situado el sillón, y los objetos para el té estaban al alcance de la mano, incluso con el azúcar servido en la taza. Había varios libros en un estante; uno de ellos estaba abierto junto al servicio del té, y Utterson se sorprendió al darse cuenta de que era el ejemplar de una obra piadosa por la que Jekyll había expresado una gran estima en varias ocasiones, anotado, con su propia letra, de blasfemias aterradoras.

Luego, en el curso de su revisión del cuarto, los investigadores se acercaron al espejo basculante, mirando en sus profundidades con un horror involuntario. Pero estaba inclinado de tal manera que mostraba únicamente el rosado resplandor que jugueteaba en el techo, el fuego brillando con un centenar de repeticiones en los cristales delanteros de los armarios, y sus propios semblantes pálidos y temerosos inclinándose para mirar.

—Este espejo ha visto cosas extrañas, señor —susurró Poole.

–Y seguramente nada más extraño que él mismo –dijo el abogado con el mismo tono–. Pues, ¿qué hacía Jekyll...? –se descubrió a sí mismo sobresaltándose ante esa palabra, y luego conquistando su debilidad dijo–: ¿Para qué podía quererlo Jekyll?

–¡Eso mismo me pregunto yo! –dijo Poole.

En seguida se volvieron hacia la mesa de trabajo. Sobre el escritorio, entre la ordenada pila de papeles, se destacaba un sobre grande en el que estaba escrito, con la letra del doctor, el nombre de Mr. Utterson. El abogado le quitó el sello y varios papeles cayeron al suelo. El primero era un documento redactado en los mismos términos excéntricos de aquel que había devuelto seis meses antes, y que servía como testamento en caso de muerte y como acta de donación en caso de desaparición; pero en lugar del nombre de Edward Hyde, el abogado, con indescriptible asombro, leyó el nombre de Gabriel John Utterson. Miró a Poole, y luego nuevamente al papel, y finalmente al malhechor muerto tendido sobre el tapete.

–Me da vueltas la cabeza –dijo–. Este documento ha estado todo el tiempo en su poder; tenía motivos para odiarme; se debió haber enfurecido al verse desplazado; y sin embargo no destruyó este documento.

Tomó el siguiente papel; era una breve nota escrita con la letra del doctor y fechada en la parte superior.

–¡Oh, Poole! –exclamó el abogado– estuvo hoy aquí, vivo. No es posible que se hayan podido deshacer de él en tan corto espacio de tiempo; todavía debe estar vivo, ¡debe haber escapado! Pero, ¿por qué escapó? y ¿cómo? Y en ese caso, ¿podemos aventurarnos a declarar que éste fue un suicidio? Ah, debemos tener mucho cuidado. Presiento que todavía podríamos involucrar a su amo en alguna horrenda catástrofe.

–¿Por qué no la lee, señor? –preguntó Poole.

–Porque tengo miedo –replicó el abogado con solemnidad–. ¡Dios quiera que no haya causa para ello! –Y diciendo eso acercó el papel y leyó lo que sigue:

Mi querido Utterson,

Cuando ésta caiga en sus manos, yo habré desaparecido bajo circunstancias que no tengo la agudeza de prever, pero mi instinto y todo lo que envuelve mi innombrable situación me dicen que el final es seguro y debe estar próximo. Vaya pues, y lea primero el relato que La-

*nyon me advirtió que pondría en sus manos, y
si le interesa saber más, lea la confesión de*

Su indigno y desgraciado amigo,

Henry Jekyll.

—¿Había un tercer sobre? —preguntó Utterson.

—Aquí está, señor —dijo Poole, y puso en sus manos un paquete voluminoso sellado en diferentes partes.

El abogado lo guardó en el bolsillo.

—Yo no diría nada de este papel. Si su amo ha escapado o si está muerto, podríamos al menos salvar su reputación. Ya son las diez; debo ir a casa y leer estos documentos con calma, pero estaré de vuelta antes de la medianoche, y entonces avisaremos a la policía.

Salieron, cerrando con llave la puerta del anfiteatro tras ellos; y Utterson, dejando a los criados de nuevo reunidos en torno al fuego del vestíbulo, caminó penosamente de vuelta a la oficina para leer los dos relatos en los que este misterio se explicaría.

El relato
del doctor Lanyon

El nueve de enero, hoy hace cuatro días, recibí en el correo de la tarde un sobre certificado, escrito con la letra de mi colega y antiguo compañero de escuela, Henry Jekyll. Esto me sorprendió mucho, pues no teníamos por costumbre escribirnos. Yo había visto al hombre, e incluso había cenado con él la noche anterior; y no podía encontrar nada en nuestro intercambio que pudiera justificar la formalidad de una carta registrada.

El contenido aumentó mi asombro; pues esto es lo que decía la carta:

Diciembre 10 de 18...

Querido Lanyon,

Usted es uno de mis más viejos amigos; y aunque en algunas ocasiones hayamos tenido diferencias respecto a cuestiones científicas, no puedo recordar, al menos de mi parte, ruptura alguna en nuestro afecto. No ha habido un día en que, si me hubiera dicho: «Jekyll, mi vida, mi honor, y mi razón dependen de usted», no hubiera yo sacrificado mi brazo derecho para ayudarlo. Lanyon, mi vida, mi honor, y mi razón, están a su merced; si usted me falla esta noche, estoy perdido. Usted podría suponer, después de este prefacio, que voy a pedirle que haga algo deshonroso. Juzgue usted mismo.

Necesito que posponga todo otro compromiso para esta noche, ay, incluso si usted fuera llamado a la cabecera de un emperador; tome un coche de alquiler, a menos que el suyo esté esperando en la puerta, y con esta carta en la mano para su orientación, vaya derecho a mi casa. Poole, mi mayordomo, ya tiene órdenes; usted lo encontrará esperando su llegada con un cerrajero. La puerta de mi despacho debe ser forzada; usted debe entrar solo, abrir el armario de vidrio a mano izquierda (letra E), rompiendo la cerradura si es necesario, y sacar, con todo su contenido tal y como lo encuentre, *el cuarto cajón desde arriba o, lo que es lo mismo, el tercero desde abajo. En mi estado de extremo agotamiento mental, tengo un temor enfermizo de darle mal las instrucciones; pero aun si me equivoco, usted puede reconocer el cajón correcto por su contenido: algunos polvos, una redoma y un cuaderno. Le ruego que lleve ese cajón a Cavendish Square exactamente como lo encuentre.*

Esa es la primera parte del favor: ahora la segunda. Usted debe estar de vuelta, si se pone en camino inmediatamente después de recibir ésta, mucho antes de la medianoche. Pero le doy ese margen de tiempo, no sólo por temor a uno de esos obstáculos que no pueden ser ni evitados ni previstos, sino porque para lo que resta por hacer es preferible una hora en la que sus criados estén acostados. Le tengo que pedir, pues, que esté solo en su consultorio a

113

medianoche, para recibir personalmente en su casa a un hombre que se presentará en mi nombre, y que le entregue en sus manos el cajón que usted habrá traído de mi despacho. Entonces habrá usted cumplido con su parte y ganado mi completa gratitud. Cinco minutos más tarde, si insiste en una explicación, usted habrá entendido que estas disposiciones son de una importancia capital; y que por el descuido de una de ellas, tan caprichoso como esto pueda parecer, usted cargará en su conciencia con mi muerte o con el naufragio de mi razón.

Aunque confío en que usted no tomará a broma este ruego, mi corazón se estremece y mi mano tiembla sólo con pensar en tal posibilidad. Piense en mí en este momento, en un lugar extraño, esforzándome bajo la negrura de un sufrimiento que ninguna fantasía puede exagerar, y sin embargo bien consciente de que, si desempeña puntualmente lo que le he pedido, mis problemas desaparecerán como un relato que se ha terminado de contar. Ayúdeme, mi querido Lanyon, y salve a

Su amigo

H. J.

Posdata: Ya había sellado ésta cuando un nuevo terror atacó mi alma. Es posible que el correo me falle, y esta carta no llegue a sus manos hasta mañana por la mañana. En ese caso, querido Lanyon, haga mi encargo cuando sea más conveniente para usted en el curso del día, y vuelva a esperar mi mensajero a medianoche. Puede que entonces ya sea demasiado tarde; y si esa noche transcurre sin incidentes, sabrá que ya no volverá a ver a Henry Jekyll.

Cuando terminé de leer esta carta quedé convencido de que mi colega estaba loco; pero hasta que eso no fuera probado más allá de toda duda posible, me sentía obligado a llevar a cabo lo que me pedía. Entre menos entendía este fárrago, menos estaba en posición de juzgar su importancia; y un llamado así expresado no podía ser ignorado sin gran responsabilidad. En consecuencia, me levanté de la mesa, subí a un coche, y me dirigí directamente a la casa de Jekyll. El mayordomo estaba esperando mi llegada; había recibido en el mismo reparto de correo una carta certificada con instrucciones, e inmediatamente había mandado llamar a un cerrajero y a un carpintero. Estos llegaron cuando todavía estábamos hablando; y fuimos juntos al anfiteatro quirúrgico del viejo doctor Denman, desde el cual (como usted sin duda sabe) se puede entrar de la forma más conveniente al despacho privado de Jekyll. La puerta era muy fuerte, la cerradura excelente; el carpintero reconoció que sería muy difícil y tendría que hacer mucho daño si se utilizaba la fuerza. El cerrajero estaba a punto de la desesperación, pero era un tipo hábil y después de dos horas de trabajo la puerta quedó abierta. El armario marcado con la E estaba abierto, saqué el cajón, lo rellené con paja lo envolví en una sábana, y volví con él a Cavendish Square.

Allí procedí a examinar su contenido. Los polvos estaban organizados con bastante cuidado, pero sin la precisión de un farmacéutico; así que era obvio que habían sido elaborados por el mismo Jekyll. Cuando abrí uno de los envoltorios encontré lo que me pareció una simple sal cristalina de color blanco. La redoma, a la que después dirigí mi atención, estaba a medio llenar con un líquido de color rojo sangre, acre para el olfato y que parecía contener fósforo y algún éter volátil. No pude adivinar cuáles eran los otros ingredientes. El cuaderno era normal y contenía muy poco además de una serie de fechas. Éstas cubrían un periodo de muchos años, pero observé que las anotaciones habían cesado hace casi un año de forma muy abrupta. Aquí y allá una breve observación era adjuntada a una fecha, normalmente de una sola palabra: "doble", que se repetía tal vez seis veces en un total de varios cientos de anotaciones; y una vez, al comienzo de la lista y seguida por varios signos de exclamación: "¡¡¡fracaso total!!!" Aunque todo esto aguzaba mi curiosidad, me decía muy poco de definitivo. Había una redoma con un cierto tinte, un papel con una sal, y el registro de una serie de experimentos que (como tantas investigaciones de Jekyll) no habían conducido a ningún fin de utilidad práctica. ¿Cómo podría la presencia de estos objetos en mi casa afectar el honor, la cordura, o la vida de mi volátil colega? Si su mensajero podía ir a un lugar, ¿por qué no podía ir a otro? Y aun suponiendo algún impedimento, ¿por qué tenía yo que recibir a este caballero en secreto? Cuanto más reflexionaba más me convencía de que se trataba de un caso de enfermedad mental; y aunque le di permiso a mis sirvientes para acostarse, cargué un viejo revólver por si tenía que defenderme.

Apenas habían resonado las doce por todo Londres, cuando tocaron suavemente a mi puerta con la aldaba. Yo mismo acudí a abrir, y encontré a un hombre pequeño agazapado entre las columnas del pórtico.

–¿Viene de parte del doctor Jekyll? –pregunté.

Me dijo «sí» con un gesto forzado; y cuando le pedí que entrara, no me obedeció sin antes escrutar con la mirada la oscuridad de la plaza. Había un policía no muy lejos, acercándose con su linterna encendida; me pareció que mi visitante se sobresaltó al verlo y se dio mayor prisa.

Confieso que estos detalles me causaron una impresión desagradable, y mientras lo seguía al consultorio brillantemente iluminado, mantuve la mano lista sobre el arma. Allí tuve, por fin, la oportunidad de verlo claramente. Nunca antes había puesto mis ojos en él, de eso estaba seguro. Era pequeño, como he dicho. Me impresionó, además, la expresión horrorosa de su rostro, con su notable combinación de gran actividad muscular y de una aparente debilidad de constitución; y por último, pero no por eso menos importante, la extraña y subjetiva perturbación que me causaba su cercanía. Ésta se parecía a un escalofrío incipiente, acompañado por un notable descenso del pulso. En ese momento se lo atribuí a una aversión personal, de principios, y sólo me sorprendió lo agudo de los síntomas; pero desde aquel entonces he tenido motivos para creer que la causa yace en lo más profundo de la naturaleza del personaje, y que gira sobre goznes más nobles que el principio del odio.

Esta persona (que desde el momento mismo de su entrada me había causado lo que sólo puedo describir como una curiosidad llena de repugnancia) estaba vestida de una manera que habría hecho risible a cualquier persona; sus ropas, aunque de finas y sobrias telas, eran desmesuradamente grandes para él en todo sentido: los pantalones le quedaban colgando y habían sido enrollados para que no se arrastraran, la cintura de la chaqueta estaba por debajo de las caderas, y el cuello se extendía desgarbado sobre sus hombros. Lo extraño es que esta ridícula vestimenta estaba lejos de causarme risa. Más bien, puesto que había algo anormal e ilegítimo en la esencia misma de la criatura que ahora estaba frente a mí —algo sobrecogedor, sorprendente y repugnante— esta nueva disparidad parecía adecuársele y reforzarla; así que a mi interés por la naturaleza y carácter de este hombre se añadió una curiosidad por sus orígenes, su vida, su fortuna y su posición en el mundo.

Estas observaciones, aunque hayan tomado tanto espacio al escribirlas, fueron sin embargo cuestión de unos pocos segundos. Mi visitante estaba verdaderamente en ascuas, presa de una sombría emoción.

–¿Lo tiene? –gritó–. ¿Lo tiene? –Y su impaciencia era tan intensa que incluso me agarró del brazo e intentó sacudirme.

Lo rechacé, advirtiendo ante su contacto una punzada glacial en la sangre.

–Vamos señor –dije–. Olvida usted que todavía no tengo el placer de conocerlo. Siéntese, por favor.

Y le di ejemplo, sentándome en mi asiento habitual e imitando bastante bien mi comportamiento ordinario ante un paciente, teniendo en cuenta lo tardío de la hora, la naturaleza de mis preocupaciones, y el horror que sentía por mi visitante.

–Le pido perdón, doctor Lanyon –respondió él con bastante cortesía–. Tiene razón en lo que dice; y mi impaciencia se ha adelantado a mis buenos modales. Vengo aquí a petición de su colega, el doctor Henry Jekyll, para un asunto de cierta importancia; y tenía entendido que... –hizo una pausa y se llevó las manos a la garganta, y pude ver, que a pesar de su dominio, luchaba contra la aproximación de la histeria–, tenía entendido que, un cajón...

Pero entonces me compadecí de la incertidumbre de mi visitante, y tal vez también de mi creciente curiosidad.

–Ahí lo tiene, señor –dije–, señalando el cajón que estaba en el suelo, detrás de una mesa, y todavía cubierto con la sábana.

Saltó hacia él, luego se detuvo, y puso su mano sobre su corazón; podía oír sus dientes rechinar debido a la acción convulsiva de sus mandíbulas, y su rostro era tan espantoso de ver que me inquieté tanto por su vida como por su razón.

–Tranquilícese –dije.

Se volvió hacia mí con una sonrisa espantosa y, como tomando una decisión desesperada, arrancó la sábana. Al ver el contenido, soltó un sollozo de tan inmenso alivio que quedé petrificado. Y al momento siguiente, con una voz que ya estaba bastante bajo control, preguntó:

–¿Tiene un vaso graduado?

Me levanté de mi sitio con algo de esfuerzo y le di lo que pedía.

Me dio las gracias, sonriente, con un movimiento de cabeza, midió unas cuantas gotas de la tintura roja y agregó un poco de los polvos. La mezcla, que era primero de un matiz rojizo, comenzó a adquirir un color más vivo a medida que los cristales se diluían, a hacer efervescencia de forma audible, y a arrojar vapores humeantes. De repente, y al mismo tiempo, cesó la ebullición y la mezcla cambió a un color púrpura oscuro, que se decoloró nuevamente, más despacio, hasta quedar verde acuoso. Mi visitante, que había observado estas metamorfosis con vivo interés, sonrió, puso el vaso sobre la mesa, y luego se volvió y me miró con ojos escrutadores.

–Y ahora –dijo– a resolver lo que queda. ¿Será usted sensato? ¿Se dejará guiar? ¿Me permitirá tomar este vaso y salir de su casa sin una palabra más? ¿O la codicia de la curiosidad tiene demasiado control sobre usted? Piense antes de responder, porque se hará lo que usted decida. De acuerdo con lo que decida, quedará igual que antes, ni más rico ni más sabio, a menos que la sensación de haber ayudado a un hombre en desgracia pueda contarse como una clase de riqueza del alma. Pero, si así lo prefiere, se abrirán ante usted, aquí en este cuarto, en este instante, un nuevo campo de conocimiento y nuevos caminos hacia la fama y el poder; y sus ojos serán deslumbrados por un prodigio capaz de hacer tambalear la incredulidad de Satán.

–Señor –dije, simulando una indiferencia que estaba lejos de poseer–, usted habla en enigmas, y tal vez no se sorprenda de que yo lo escuche sin grandes muestras de credulidad. Pero he llegado demasiado lejos con estos inexplicables favores para detenerme antes de ver el final.

–Está bien –replicó mi visitante–. Lanyon, recuerde su juramento: lo que viene queda bajo el sigilo de nuestra profesión. Y ahora, usted que ha estado tanto tiempo confinado a las ideas más estrechas y materialistas, usted que ha negado el mérito de la medicina trascendental, usted que se ha burlado de quienes le son superiores: ¡observe!

Se llevó el vaso a los labios y lo bebió de un sólo trago. Siguió un grito; dio vueltas, se tambaleó, se aferró a la mesa, mirando con los ojos inyectados en sangre, jadeando con la boca abierta; y me pareció que mientras yo lo miraba ocurría un cambio: parecía crecer, su rostro se ennegreció de repente y sus rasgos parecían difuminarse y alterarse; y al instante siguiente, me levanté de un salto y retrocedí contra la pared, con el brazo alzado para protegerme de ese prodigio, mi espíritu sumergido en el terror.

–¡Oh Dios! –grité–, ¡oh Dios! –repetí una y otra vez; pues allí ante mis ojos, pálido y tembloroso, a punto de desmayarse, y tanteando frente a él con sus manos, como un hombre que regresa de la muerte, ¡estaba Henry Jekyll!

No me siento capaz de poner en papel lo que me dijo durante la hora siguiente. Vi lo que vi, oí lo que oí, y mi alma se enfermó ante ello; y sin embargo ahora que esa visión ha desaparecido de mi vista, me pregunto si lo creo y no puedo contestar. Mi vida ha sido sacudida hasta sus raíces; el sueño me ha abandonado; un terror mortal se sienta junto a mí a todas horas del día y de la noche; siento que mis días están contados, y que debo morir; y sin embargo, moriré incrédulo. En cuanto a la iniquidad moral que ese hombre develó ante mí, ni con lágrimas de penitencia puedo detenerme a pensar en ello sin un sobresalto de horror. Sólo diré una cosa, Utterson, y eso (si puede creerlo) será más que suficiente. La criatura que se metió furtivamente a mi casa aquella noche era, según la confesión del propio Jekyll, conocida por el nombre de Hyde, quien es buscado por todos los rincones de la tierra como el asesino de Carew.

HASTIE LANYON.

Henry Jekyll hace una declaración completa del caso

Nací en el año 18..., heredero de una gran fortuna, dotado además de excelentes habilidades, inclinado por naturaleza al trabajo, caro al respeto de los más sabios y buenos de mis semejantes, y en consecuencia, como se puede suponer, con todas las garantías de un futuro honorable y distinguido. Y, en realidad, el peor de mis defectos era una cierta propensión impaciente a la alegría, que ha sido la felicidad de muchos, pero que yo encontré difícil de reconciliar con mi deseo imperioso de llevar la cabeza en alto, y de revestirme en público con una expresión de solemnidad fuera de lo común. Sucedió por lo tanto que oculté mis placeres, y que cuando llegué a los años de reflexión y empecé a mirar en torno mío para examinar mis progresos y mi posición en el mundo, ya estaba yo entregado a una profunda duplicidad de vida. Muchos hombres se habrían incluso jactado de irregularidades como esas de las que yo era culpable; pero desde las altas miras que me había propuesto, yo las observaba y las escondía con un sentimiento de vergüenza casi mórbido. Fue, entonces, la naturaleza exigente de mis aspiraciones, más que alguna degradación particular en mis defectos, la que me hizo ser lo que fui, y, con una brecha aún más profunda que en la mayoría de los hombres, separó en mí esas zonas del bien y del mal que dividen y componen la naturaleza dual del hombre. Mi caso me llevó a reflexionar profunda e insistentemente en la dura ley de la vida, que es el origen de la religión y una de las fuentes más abundantes de dolor. A pesar de tan profunda dualidad, yo no era de ningún modo un hipócrita; mis dos lados eran completamente sinceros. Yo no era más yo cuando me encontraba sin restricción y me sumía en la vergüenza, que cuando trabajaba a la luz del día por el desarrollo del conocimiento y por el alivio del dolor y del sufrimiento. Y sucedió que la dirección de mis estudios científicos, que estaban totalmente orientados hacia lo místico y lo trascendental, reaccionaron y arrojaron una intensa luz sobre esta conciencia de la guerra perenne entre mis dos lados. Cada día, y desde ambos lados de mi inteligencia, la moral y la intelectual, me fui acercando firmemente a esa verdad por cuyo descubrimiento parcial he sido condenado a tan espantoso naufragio: que el hombre no es realmente uno, sino dos. Digo dos porque el estado de mi propio conocimiento no sobrepasa ese punto. Otros me seguirán, otros avanzarán más que yo en este mismo camino; y me aventuro a adivinar que el hombre será finalmente conocido como una simple comunidad organizada de habitantes independientes, diversos y discrepantes. Yo, por mi parte, debido a la naturaleza de mi vida, avancé infaliblemente en una dirección y sólo en una. Fue en el ámbito moral, y en mi propia persona, que aprendí a reconocer la cabal y primigenia dualidad humana; vi que de las dos naturalezas que contendían en el campo de mi conciencia se podía decir con razón que yo era cualquiera de ellas, solamente porque yo era radicalmente ambas; y desde una fecha temprana, incluso antes de que el curso de mis descubrimientos científicos comenzara a sugerir la más clara posibilidad de tal milagro, yo había aprendido a regodearme con placer, como en un ensueño amado, en la idea de la separación de estos elementos. Si tan sólo cada uno de ellos, me decía a mí mismo, pudiera ser alojado en identidades separadas, la vida sería aliviada de todo lo insoportable; el injusto podría seguir su camino, libre de las aspiraciones y remordimientos de su honrado gemelo; y el justo podría caminar con firmeza y seguridad por su senda ascendente, haciendo las cosas buenas en las que encontraba placer, sin estar nunca más expuesto a la deshonra y al arrepentimiento de la mano de ese mal que le es ajeno. Fue la maldición del género humano que estas dos gavillas incongruentes fueran atadas en una sola... que en el atormentado útero de la conciencia, estos gemelos opuestos deban luchar incesantemente. ¿Cómo fueron, pues, disociados?

Hasta aquí había llegado en mis reflexiones cuando, como he dicho, una luz lateral comenzó a iluminar el tema desde la mesa del laboratorio. Comencé a percibir más profundamente de lo que hasta entonces se había expresado, la inmaterialidad trémula, la transitoriedad nebulosa, de este cuerpo en apariencia tan sólido que nos reviste.

Descubrí que ciertos agentes tenían el poder de estremecer y de arrancar esa vestidura carnal, tal como el viento puede sacudir las cortinas de un pabellón. No profundizaré en este aspecto científico de mi confesión por dos buenas razones. Primero, porque he tenido que aprender que la fatalidad y la carga de nuestra vida están atados para siempre a los hombros del hombre, y cuando éste intenta deshacerse de ellas, sólo logra que regresen con un peso más desconocido y terrible. Segundo, porque como infortunadamente lo demostrará mi relato, mis descubrimientos fueron incompletos. Baste decir, entonces, que no sólo reconocí a mi cuerpo natural como una simple aura o efluxión de algunos de los poderes que conforman mi espíritu, sino que conseguí fabricar una droga por medio de la cual estos poderes debían ser destronados de su supremacía y sustituidos por una nueva forma y una nueva apariencia, no menos naturales para mí puesto que eran la expresión, y llevaban el sello, de los elementos más bajos de mi alma.

Dudé por mucho tiempo antes de someter esta teoría a la prueba de la práctica. Sabía bien que arriesgaba la vida; pues cualquier droga que controle y estremezca de forma tan potente la fortaleza misma de la identidad puede, con la menor sobredosis o el menor descuido al momento de prepararla, eliminar completamente ese tabernáculo inmaterial que yo confiaba en cambiar. Pero la tentación de un descubrimiento tan singular y profundo, se sobrepuso finalmente a las sugerencias de peligro. Desde hacía mucho tiempo había preparado mi tintura; compré de una vez, en una farmacia mayorista, una gran cantidad de una determinada sal, que por mis experimentos sabía que era el último ingrediente requerido; y a altas horas de una noche maldita, mezclé los elementos, los vi hervir y humear juntos en el vaso y, cuando la ebullición cesó, en un arranque de valor, bebí la pócima.

Siguieron las punzadas más atroces: un triturar de huesos, una náusea mortal, y un horror del espíritu que no puede ser superado ni en el momento del nacimiento ni en el de la muerte. Luego estas angustias comenzaron a pasar rápidamente, y volví en mí como si saliera de una grave enfermedad. Había algo extraño en mis sensaciones; algo tan novedoso que era indescriptible y, debido a su novedad, demasiado agradable. Me sentí más joven, más liviano, más feliz físicamente; dentro de mí, era consciente de una impetuosa despreocupación, de un caudal de desordenadas imágenes sensuales que corrían en mi fantasía como por el saetín de un molino, de un disolverse de los lazos de la obligación, de una desconocida, mas no inocente, libertad del alma. Sabía que con el primer soplo de esta nueva vida, me había vuelto más malvado, diez veces más malvado, vendido como esclavo a mi mal original; y, en ese momento, este pensamiento me animó y me deleitó como un vino. Estiré mis brazos, exultante con la novedad de estas sensaciones; y en ese instante me di cuenta de que había perdido estatura.

En ese entonces no había espejo en mi habitación; el que está junto a mí mientras escribo fue traído aquí después para el propósito mismo de estas transformaciones. La noche, sin embargo, ya se había convertido en madrugada –la madrugada, negra todavía, estaba casi lista para concebir el día–, los empleados de mi casa estaban sumidos en las horas de sueño más profundo; y yo estaba decidido, en la exaltación de mi esperanza y de mi triunfo, a aventurarme en mi nueva forma hasta mi habitación. Crucé el patio, donde las constelaciones miraban, podría pensarse que con asombro, la primera criatura de esa clase que su vigilancia insomne les revelaba; atravesé sigilosamente los pasillos, un extraño en mi propia casa; y al llegar a mi habitación, vi por primera vez la apariencia de Edward Hyde.

Aquí sólo debo hablar teóricamente, diciendo no lo que sé, sino lo que supongo ser lo más probable. El lado maligno de mi naturaleza, al que había ahora transferido la eficacia característica, era menos robusto y menos desarrollado que el bueno al que acababa de deponer. Además, en el curso de mi vida, que había sido después de todo, en sus nueve décimas partes, una vida de esfuerzo, virtud y control, éste se había ejercitado mucho menos y estaba mucho menos agotado. Y pienso que es por esto que Edward Hyde resultó ser mucho más pequeño, más ágil y más joven que Henry Jekyll. Mientras que la bondad brillaba en el semblante del uno, el mal estaba escrito amplia y claramente en el rostro del otro. El mal, además (al que todavía considero como el lado letal del hombre) había dejado en ese cuerpo la huella de la deformidad y de la decadencia. Y sin embargo, cuando vi en el espejo esa fea imagen no sentí repugnancia, sino más bien un alborozo de bienvenida. Éste también era yo. Parecía natural y humano. A mis ojos era una imagen más viva del espíritu, parecía más explícita y simple que la apariencia imperfecta y dividida que hasta entonces me había acostumbrado a llamar mía. Y en eso sin duda tenía razón. He observado que cuando revestía la apariencia de Edward Hyde, nadie podía acercarse a mí sin sentir al principio un recelo visible del cuerpo. Esto, como yo lo entiendo, es debido a que todos los seres humanos, tal como los vemos, son una mezcla del bien y del mal: y de las filas del género humano, sólo Edward Hyde era el mal puro.

Permanecí un instante frente al espejo: todavía tenía que realizar el segundo y decisivo experimento; todavía quedaba por ver si había perdido mi identidad sin remedio, y si tenía que escapar antes del amanecer de una casa que ya no era la mía; y apresurándome en volver a mi despacho, preparé y bebí nuevamente la pócima, nuevamente sufrí las punzadas dolorosas de la disolución, y nuevamente volví en mí con el carácter, la estatura y el rostro de Henry Jekyll.

Había llegado aquella noche a la encrucijada fatal. Si me hubiera aproximado a mi descubrimiento con un espíritu más noble, si me hubiera arriesgado a realizar el experimento mientras estaba bajo el imperio de aspiraciones generosas o piadosas, todo habría sido de otra manera, y habría salido de estas agonías de nacimiento y de muerte, convertido en un ángel en lugar de un demonio. La droga no tenía una acción discriminatoria; no era ni diabólica ni divina; no hacía sino quebrantar las puertas de la prisión de mi inclinación natural; y como los cautivos de Philippi, todo lo que estaba adentro se precipitaba a salir. En esa época mi virtud dormía; mi mal, al que la ambición mantenía despierto, se hallaba alerta y presto a atrapar la oportunidad; y lo que se proyectó fue Edward Hyde. Por lo tanto, aunque ahora tenía dos personalidades así como dos apariencias, la una era completamente maligna, y la otra el antiguo Henry Jekyll, esa mezcla incongruente de cuya reforma y mejora ya había aprendido a perder las esperanzas. En consecuencia, el paso dado fue una inclinación hacia lo peor.

Aun en ese entonces, no había superado todavía mi aversión por la aridez de una vida de estudio. A veces, era todavía de naturaleza alegre; y como mis placeres eran (por decir lo menos) indecorosos y, además de ser muy conocido y altamente respetado, me acercaba a la vejez, esta incoherencia de mi vida era cada día menos bienvenida. Fue por este lado que me tentó mi nuevo poder hasta hacerme caer en la esclavitud. Bastaba con beber la pócima para despojarme inmediatamente del cuerpo del célebre profesor, y asumir, como un manto grueso, el de Edward Hyde. Sonreía ante la idea; en esa época me parecía divertida, y hacía mis preparaciones con el más estudioso cuidado. Tomé y amoblé esa casa de Soho, hasta la que la policía rastreó a Hyde; y contraté como ama de llaves a una persona de quien yo sabía era callada e inescrupulosa. Por otro lado, les anuncié a mis criados que un tal Mr. Hyde (a quien describí) tendría total libertad y poder sobre mi casa de la plaza; y para evitar percances, incluso visitaba, convirtiéndome en una presencia familiar, en mi segunda personalidad. Después redacté ese testamento al que usted tanto se opuso; para que, si algo me sucedía en la persona del doctor Jekyll, pudiera entrar en la de Edward Hyde sin pérdida pecuniaria. Y fortificado así por todos lados, como suponía estarlo, comencé a sacar provecho de las extrañas inmunidades de mi posición.

Hombres en el pasado han contratado sicarios para llevar a cabo sus crímenes, mientras ellos mismos y su reputación quedaban al resguardo. Yo fui el primero en hacer esto por sus propios placeres. Fui el primero que pudo caminar ante los ojos del público con una carga de afable respetabilidad, y un instante después, como un niño de escuela, despojarme de estas cosas prestadas y arrojarme de cabeza en el mar de la libertad. Pero para mí, envuelto en mi impenetrable capa, la seguridad era total. Piense en esto: ¡yo ni siquiera existía! Era sólo que se me permitiera escapar por la puerta del laboratorio, que se me dieran unos segundos para mezclar y beber la dosis que mantenía siempre lista; y, sin importar lo que hubiera hecho, Edward Hyde desaparecía como la mancha del aliento en el espejo; y allí, en su lugar, en la intimidad de su casa, graduando la lámpara de su estudio, estaba un hombre que podía permitirse reír de toda sospecha, Henry Jekyll.

Los placeres que me apresuré a buscar bajo mi disfraz eran, como ya lo he dicho, indecorosos; difícilmente podría usar un término más fuerte. Pero en manos de Edward Hyde, pronto comenzaron a convertirse en monstruosos. Cuando regresaba de estas salidas, frecuentemente me sumía en una especie de asombro ante mi vicaria depravación. Este ser íntimo al que yo llamaba desde el fondo de mi propia alma, y al que enviaba solo a satisfacer sus placeres, era intrínsecamente maligno e infame; cada uno de sus actos y de sus pensamientos se centraban en su yo, bebiendo placer con avidez bestial de cualquier grado de tortura infligido a otro, y era implacable como un hombre de piedra. Henry Jekyll quedaba en ocasiones horrorizado ante los actos de Edward Hyde; pero la situación se apartaba de las leyes ordinarias, y esto relajaba insidiosamente la presión de la conciencia. Después de todo, era Hyde, y sólo Hyde, el culpable. Jekyll no había empeorado; había vuelto a sus buenas cualidades aparentemente intacto; incluso se apresuraba, cuando era posible, a deshacer el daño causado por Hyde. Y así, su conciencia fue adormeciéndose.

No tengo la intención de entrar en los detalles de la infamia de la que fui cómplice (pues aun ahora, difícilmente puedo conceder que yo la cometí); sólo quiero señalar las advertencias y los pasos sucesivos con que mi castigo venía acercándose. Sufrí un accidente que, como no trajo ninguna consecuencia, no haré más que mencionar. Un acto de crueldad hacia una niña incitó contra mí la ira de un transeúnte, a quien reconocí el otro día en la persona de un pariente suyo; el doctor y la familia de la niña se unieron a él; hubo momentos en los que temí por mi vida; y por último, con el fin de apaciguar su justo resentimiento, Edward Hyde tuvo que llevarlos hasta la puerta, y pagarles con un cheque girado por Henry Jekyll. Pero este peligro fue fácilmente eliminado para el futuro, abriendo una cuenta en otro banco a nombre de Edward Hyde; y cuando, inclinando mi propia letra hacia atrás, proveí a mi doble con una firma, pensé que estaba más allá del alcance del destino.

Unos dos meses antes del asesinato de sir Danvers, había salido a una de mis aventuras, había regresado tarde, y al día siguiente me había levantado con unas sensaciones un tanto extrañas. En vano miré a mi alrededor; en vano observé los muebles decentes y las grandes proporciones de mi habitación de la plaza; en vano reconocí los dibujos de las cortinas de la cama y el diseño de la estructura de caoba; algo seguía insistiendo que yo no estaba donde estaba, que no me había despertado donde parecía estar, sino en la pequeña habitación de Soho donde acostumbraba a dormir en el cuerpo de Edward Hyde. Sonreí para mis adentros, y, a mi manera sicológica, comencé a investigar perezosamente los elementos de esta ilusión; ocasionalmente, incluso mientras hacía esto, volvía a caer en una agradable modorra matinal. Estaba todavía así ocupado cuando, en uno de los momentos en que estaba más despierto, me fijé en mis manos. Ahora bien, las manos de Henry Jekyll (como usted lo ha observado muchas veces) eran las de un profesional en forma y tamaño: grandes, firmes, blancas y garbosas. Pero las manos que veía ahora con suficiente claridad, a la luz amarilla de una mañana londinense, yaciendo entreabiertas sobre las sábanas, eran flacas, nervudas, nudosas, de una palidez cenicienta, y espesamente sombreadas por un tupido vello. Eran las manos de Edward Hyde.

Debí quedarme mirándolas fijamente cerca de medio minuto, sumido como estaba en la pura estupidez del asombro, antes de que el terror se despertara en mi pecho tan repentino y sobrecogedor como el estrépito de unos platillos; salté de mi cama y corrí al espejo. Ante el espectáculo que vieron mis ojos, mi sangre se transformó en algo exquisitamente delgado y gélido. Sí, me había acostado como Henry Jekyll y me había despertado como Edward Hyde. ¿Cómo se podía explicar esto? Me preguntaba a mí mismo; y luego, con otro sobresalto de terror: ¿cómo se podía remediar? Era ya bien entrada la mañana, los criados estaban despiertos, todas mis drogas estaban en el despacho. El trayecto era largo desde donde yo me encontraba paralizado por el terror: bajar dos tramos de escaleras, atravesar un pasillo trasero, cruzar el patio abierto y el anfiteatro. Ciertamente podría cubrirme el rostro; pero ¿de qué serviría eso si era incapaz de ocultar mi cambio de estatura? Y luego, con la abrumante dulzura del alivio, recordé que los criados ya estaban acostumbrados a los ires y venires de mi segundo yo. No tardé en vestirme, tan bien como pude, con ropas de mi propio tamaño; atravesé la casa de prisa, tropezando con Bradshaw, quien me miró fijamente y retrocedió al ver a Mr. Hyde a semejantes horas y

con tan extraña indumentaria. Diez minutos después, el doctor Jekyll había vuelto a su propio cuerpo y se sentaba, con el ceño fruncido, a fingir que desayunaba.

Realmente tenía poco apetito. Este incidente inexplicable, este retroceso de mi experiencia previa parecía, como el dedo babilonio sobre el muro, estar deletreando las palabras de mi juicio; y empecé a reflexionar más seriamente que antes sobre las consecuencias y las posibilidades de mi doble existencia. Esa parte de mí que yo tenía el poder de proyectar, había sido últimamente muy ejercitada y alimentada; me parecía como si el cuerpo de Edward Hyde hubiera crecido en estatura, como si (cuando yo revestía esa forma) fuera consciente de un flujo más generoso de sangre; y empecé a atisbar el peligro de que, si esto se prolongaba mucho tiempo, el equilibrio de mi naturaleza podría volcarse por completo, perdería el poder de transformarme voluntariamente, y el carácter de Edward Hyde volverse irrevocablemente el mío. El poder de la droga no se había manifestado siempre de igual forma. Una vez, en los comienzos de mi carrera, me falló totalmente; desde entonces me he visto obligado en más de una ocasión a duplicar la dosis, y una vez, con infinito riesgo de muerte, a tripicarla; y estas incertidumbres ocasionales habían proyectado hasta entonces la única sombra sobre mi felicidad. Ahora, sin embargo, y bajo la luz del accidente de aquella mañana, fui llevado a observar que mientras al principio la dificultad había sido despojarme del cuerpo de Jekyll, últimamente esto se había transferido, de forma gradual pero decidida, al otro lado. En consecuencia, todo parecía apuntar a lo siguiente: que lentamente estaba perdiendo el control de mi yo original y mejor, y que lentamente me estaba incorporando a mi segundo y peor yo.

Sentí que tenía que escoger ahora entre estos dos. Mis dos naturalezas tenían una memoria en común, pero todas las otras facultades eran compartidas entre ellas de forma desigual. Jekyll (que era un compuesto), en algunas ocasiones con las más sensibles aprensiones, y en otras, con un gusto ávido, proyectaba y compartía los placeres y aventuras de Hyde; pero Hyde era indiferente a Jekyll, o lo recordaba como el bandido de las montañas recuerda la caverna en la que se oculta al ser perseguido. Jekyll tenía un interés más que paternal; Hyde tenía más que la indiferencia de un hijo. Compartir la suerte de Jekyll, era morir a esos apetitos que desde hacía tiempo satisfacía en secreto, y que últimamente había empezado a mimar. Compartir la de Hyde, era morir a miles de intereses y aspiraciones, y convertirme, de golpe y para siempre, en un ser despreciado y sin amigos. La transacción podría parecer desigual; pero sobre la balanza aún existía otra consideración; pues mientras Jekyll sufriría agudamente en el fuego de la abstinencia, Hyde ni siquiera sería consciente de todo lo que habría perdido. Por extrañas que fuesen mis circunstancias, los términos de este debate son tan viejos y tan comunes como el hombre mismo; instigaciones e inquietudes semejantes lanzan los dados a cualquier pecador tentado y tembloroso; y me sucedió, como le sucede a la gran mayoría de mis semejantes, que escogí mi mejor parte y me faltaron las fuerzas para cumplirle.

Sí, preferí al anciano e insatisfecho doctor, rodeado de amigos y acariciando honradas esperanzas; y le di un resuelto adiós a la libertad, a la juventud relativa, al paso ligero, a los impulsos descontrolados y a los placeres secretos, que había disfrutado bajo el disfraz de Hyde. Tal vez hice esta elección con una reserva inconsciente, pues no dejé la casa de Soho ni destruí las ropas de Edward Hyde, las que todavía están listas en mi despacho. Sin embargo, durante dos meses me mantuve fiel a mi decisión; durante dos meses llevé una vida tan severa como nunca, y disfruté de las compensaciones de una conciencia tranquila. Pero finalmente el tiempo comenzó a borrar la viveza de mis inquietudes; los elogios de mi conciencia comenzaron a volverse cosa de rutina; comencé a ser torturado por angustias y por anhelos, como si Hyde estuviera luchando por su libertad; y finalmente, en un momento de debilidad moral, mezclé y bebí una vez más la poción transformadora.

Supongo que cuando un borracho razona consigo mismo acerca de su vicio, ni siquiera una vez en quinientas lo afectan los peligros que corre a causa de su brutal insensibilidad física; tampoco yo, por mucho que medité acerca de mi situación, tuve en cuenta la completa insensibilidad moral y la disponibilidad para el mal, que eran las características dominantes de Edward Hyde. No obstante, fui castigado por éstas. Mi demonio había estado enjaulado por mucho tiempo, y salió rugiendo. Yo era consciente, incluso cuando tomé la pócima, de una propensión más desenfrenada y furiosa al mal. Debió haber sido esto, supongo, lo que despertó en mi alma esa tempestad de impaciencia con que escuchaba las palabras corteses de mi infortunada víctima; declaro, por lo menos ante Dios, que ningún hombre moralmente sano hubiera podido ser culpable de cometer ese crimen por una provocación tan insignificante; y que golpeé con espíritu no más razonable que el de un niño enfermo que rompe un juguete. Pero yo me había despojado voluntariamente de todos esos instintos equilibradores, por los cuales incluso el peor de nosotros sigue caminando con cierto grado de firmeza entre las tentaciones; y en mi caso, ser tentado, aun ligeramente, era caer.

El espíritu del infierno se despertó en mí instantáneamente y se enfureció. En un arrebato de júbilo, apaleé el cuerpo inerme, degustando el placer de cada golpe. Y sólo cuando el cansancio comenzó a apoderarse de mí, repentinamente, en el culmen de mi acceso de delirio, traspasó mi corazón un frío estremecimiento de terror. Una niebla se dispersó; vi que mi vida estaba perdida, y huí de la escena de estos excesos, a la vez exaltado y tembloroso, con mi avidez de mal satisfecha y estimulada, y mi amor por la vida intensificado al máximo. Corrí a la casa de Soho (y para estar doblemente seguro) destruí mis papeles; de allí salí a las calles iluminadas por la luz de los faroles, con el mismo éxtasis dividido de mi espíritu, deleitándome en mi crimen, planeando despreocupadamente otros para el futuro, y sin embargo apresurándome y escuchando alerta los pasos del vengador. Hyde tenía una canción en los labios mientras preparaba la pócima, y al beberla brindó por el muerto. Los dolores de la transformación no habían acabado de desgarrarlo, cuando Henry Jekyll, en un torrente de lágrimas de gratitud y de remordimiento, cayó de rodillas y alzó sus manos juntas a Dios. El velo de la complacencia fue rasgado de pies a cabeza. Vi mi vida como un todo: la seguí desde los días de mi niñez, cuando caminaba de la mano de mi padre, y a través de los abnegados esfuerzos de mi vida profesional, para llegar una y otra vez, con la misma sensación de irrealidad, a los horrores malditos de aquella noche. Podría haber gritado con todas mis fuerzas; busqué ahogar con lágrimas y oraciones la multitud de espantosas imágenes y sonidos con que mi memoria me asediaba; y a pesar de todo, entre las súplicas, el feo rostro de mi iniquidad clavaba su mirada en mi alma. Al comenzar a extinguirse la agudeza de este remordimiento, lo reemplazó una sensación de alegría. El problema de mi conducta se había solucionado. A partir de ese momento Hyde era imposible; quisiéralo o no, estaba confinado a la parte mejor de mi existencia; y ah, ¡cuánto me regocijé al pensar en ello! ¡Con cuánta voluntaria humildad abracé de nuevo las restricciones de la vida natural! ¡Con qué sincera renunciación cerré con llave la puerta por la que tantas veces había entrado y salido, y rompí la llave con mi tacón!

Al día siguiente llegó la noticia de que había testigos del asesinato, que la culpabilidad de Hyde era patente ante el mundo, y que la víctima era un hombre que gozaba de una gran estima pública. No había sido sólo un crimen, había sido una trágica locura. Creo que me alegró saberlo; creo que me alegró que mis mejores impulsos fueran así reforzados y custodiados por el terror al patíbulo. Jekyll era ahora mi ciudad de refugio; bastaría con que Hyde se asomara un instante y las manos de todos los hombres se alzarían para atraparlo y asesinarlo.

Decidí redimir el pasado con mi conducta futura; y puedo decir con honestidad que mi decisión dio buenos frutos. Usted mismo sabe con cuánta seriedad trabajé en los últimos meses para aliviar el sufrimiento; usted sabe que hice mucho por los demás, y que los días transcurrieron tranquilos y casi felices para mí. No puedo en realidad decir que estaba cansado de esta vida inocente y benéfica; creo que por el contrario cada día la disfrutaba más plenamente; pero seguía estando bajo la maldición de mi dualidad de propósito; y cuando el primer borde de mi penitencia se desgastó, mi lado más bajo, mimado durante tanto tiempo y tan recientemente encadenado, comenzó a gruñir por su libertad. No que yo soñara con resucitar a Hyde; la sola idea me asustaba hasta la locura: no, fue en mi propia persona donde fui tentado una vez más para jugar con mi conciencia; y fue como cualquier pecador secreto, que caí finalmente ante los asaltos de la tentación.

A todo le llega su fin; la medida más amplia acaba por ser colmada; y esta breve condescendencia con mi mal destruyó finalmente el equilibrio de mi alma. Y sin embargo no estaba alarmado; la caída me parecía natural, como un regreso a los viejos tiempos, cuando aún no había hecho mi descubrimiento. Era un hermoso y despejado día de enero, el suelo estaba húmedo donde la escarcha se había derretido, pero sin una nube en el cielo; y Regent's Park estaba lleno de gorjeos invernales y de dulces aromas de primavera. Me senté al sol en una banca; el animal en mí lamiendo trozos de recuerdos; el lado espiritual un poco adormecido, prometiendo penitencias subsecuentes, pero sin resolverse a empezarlas todavía. Después de todo, reflexioné, yo era como mis semejantes; y luego sonreí al compararme a mí mismo con otros hombres, al comparar mi bondad activa con la perezosa crueldad de su negligencia. Y en el instante mismo en que tuve ese pensamiento jactancioso, sentí un desfallecimiento, una náusea horrorosa y el escalofrío más mortal. Esto pasó, dejándome débil; y luego cuando a su turno la debilidad fue pasando, comencé a darme cuenta de un cambio en el tono de mis pensamientos, una mayor osadía, un desprecio del peligro, una disolución de los lazos del deber. Miré hacia abajo; mis ropas colgaban sin forma de mis miembros encogidos; la mano que estaba sobre mi rodilla era nudosa y velluda. Una vez más yo era Edward Hyde. Un momento antes yo estaba seguro del respeto de todos los hombres, era rico, apreciado... el mantel me esperaba puesto en la mesa del comedor de mi casa; y ahora me había convertido en la presa común del género humano, perseguido, sin hogar, un asesino conocido, carne de horca.

Mi razón vaciló, pero no me falló por completo. He observado más de una vez, que bajo mi segunda personalidad mis facultades parecían agudizarse y mi espíritu tenía una elasticidad más tensa; así que sucedía que donde Jekyll quizá habría podido sucumbir, Hyde se ponía a la altura de la importancia del momento. Mis drogas estaban en uno de los armarios de mi despacho; ¿cómo iba a llegar hasta ellas? Ese era el problema que (apretándome las sienes entre las manos) me propuse resolver. Yo había cerrado la puerta del laboratorio. Si intentaba entrar por la casa, mis propios criados me enviarían a la horca. Comprendí que necesitaba la ayuda de otro hombre, y pensé en Lanyon. ¿Cómo iba a llegar donde él? ¿Cómo iba a persuadirlo? Suponiendo que escapara de ser capturado en las calles, ¿cómo iba a introducirme hasta su presencia? y ¿cómo podría yo, un desconocido y desagradable visitante, convencer al famoso médico para que registrara el estudio de su colega, el doctor Jekyll? Entonces recordé que todavía conservaba una parte de mi personalidad original: podía escribir con mi propia letra; y una vez concebida esa inflamable chispa, el camino que debía seguir se iluminó de principio a fin.

Acto seguido, arreglé mis ropas lo mejor que pude, llamé a un coche que pasaba, y me dirigí a un hotel en la calle Portland, cuyo nombre recordaba casualmente. Ante mi apariencia (que era realmente bastante cómica, a pesar del trágico destino que estas vestimentas cubrían) el conductor no pudo ocultar su regocijo. Rechiné mis dientes en un acceso de furia diabólica, y la sonrisa desapareció de su rostro –felizmente para él–, pero aún más felizmente para mí, ya que al momento siguiente iba a arrojarlo de su pescante. Al entrar al hotel, miré en derredor mío con una expresión tan tenebrosa que hizo estremecer a los empleados; no intercambiaron ni una mirada en mi presencia; recibieron mis órdenes servilmente, me condujeron a una habitación, y me trajeron material para escribir. Hyde, con su vida en peligro, era una criatura nueva para mí: temblando con una rabia excesiva, tenso hasta el borde del asesinato, anhelando infligir dolor. Sin embargo, era una criatura astuta; dominó su furia con un gran esfuerzo de voluntad; escribió dos cartas importantes, una a Lanyon y otra a Poole; y para poder tener una evidencia de que habían sido enviadas, dio instrucciones de que las certificaran.

Desde ese momento, permaneció sentado todo el día frente al fuego de la habitación, mordiéndose las uñas; en ese lugar cenó, a solas con sus temores, el camarero visiblemente acobardado ante su mirada; y de allí, cuando la noche había entrado plenamente, se acomodó en el rincón de un coche cerrado, y se hizo conducir de un lado a otro por las calles de la ciudad. "Él" –no puedo decir "yo"–. Ese hijo del infierno no tenía nada de humano; nada vivía en él además del miedo y del odio. Cuando por fin, creyendo que el conductor había comenzado a sospechar, bajó del coche y se aventuró a pie, vestido con ropas que no le quedaban bien, un objeto marcado para ser observado en medio de los transeúntes nocturnos, estas dos bajas pasiones se desencadenaron con furia dentro de él como una tempestad. Caminaba rápido, perseguido por sus temores, hablando consigo mismo, escabulléndose por las calles menos frecuentadas, contando los minutos que aún lo separaban de la medianoche. Una mujer le habló, creo que ofreciéndole una caja de fósforos. Él la abofeteó, y ella huyó.

Cuando volví a ser yo mismo en casa de Lanyon, el horror de mi viejo amigo quizá me afectó un poco: no lo sé; en todo caso, no fue más que una gota en el mar en comparación con el aborrecimiento con el que recordaba esas horas. Un cambio había tenido lugar en mí. Ya no era el miedo a la horca, sino el horror de ser Hyde lo que me atormentaba. Recibí la condenación de Lanyon medio en sueños; fue medio en sueños que llegué a mi propia casa y me metí en la cama. Dormí, después de un día tan agotador, con un sueño profundo, que ni siquiera las pesadillas que me retorcían lograban interrumpir. Por la mañana desperté quebrantado y débil, pero restaurado. Odiaba y temía aún la idea del bruto que dormía en mí, y naturalmente no había olvidado los espantosos peligros del día anterior; pero estaba nuevamente en casa, en mi propia casa y cerca de mis drogas; y la gratitud por haber escapado brilló tan fuerte en mi alma que casi rivalizaba con el resplandor de la esperanza.

Cruzaba lentamente el patio después del desayuno, aspirando con placer el aire frío, cuando nuevamente se apoderaron de mí esas indescriptibles sensaciones que anunciaban el cambio; y apenas tuve tiempo para ganar el refugio de mi despacho, cuando una vez más estaba enfurecido y petrificado por las pasiones de Hyde. En esta ocasión fue necesaria una doble dosis para hacerme volver a mí mismo, y, ¡ay!, seis horas más tarde, mientras estaba sentado mirando tristemente el fuego, volvieron las punzadas, y tuve que volver a administrarme la droga. En suma, a partir de ese día parecía que sólo por un gran esfuerzo, como el de un gimnasta, y sólo bajo la estimulación inmediata de la droga, yo era capaz de revestir la apariencia de Jekyll. A todas horas del día y de la noche era poseído por el escalofrío premonitorio; sobre todo si dormía, o incluso si dormitaba un momento en mi silla, siempre despertaba como Hyde. Bajo la tensión de esta inminente fatalidad y por la vigilia a la que me condenaba ahora a mí mismo, ay, aun más allá de lo que creía posible en el hombre, me convertí, dentro de mi propia persona, en una criatura consumida y vaciada por la fiebre, lánguida y débil en cuerpo y mente, y exclusivamente ocupada con un pensamiento: el horror de mi otro yo. Pero cuando dormía, o cuando se pasaba la virtud de la medicina, saltaba casi sin transición (pues las punzadas de la transformación eran cada vez menos marcadas) a la posesión de una fantasía rebosante de imágenes de terror, de un alma hirviendo con odios infundados, y un cuerpo que no parecía lo suficientemente fuerte para contener las furiosas energías de la vida. Los poderes de Hyde parecían haber aumentado con la debilidad de Jekyll. Y ciertamente el odio que ahora los separaba era igual en ambos lados. Para Jekyll era cosa de instinto vital. Ya había visto la total deformidad de esa criatura que compartía con él algunos de los fenómenos de la conciencia, y con quien era coheredero de muerte: y además de estos vínculos de comunidad, que en sí mismos conformaban la parte más aguda de su dolor, pensaba en Hyde, a pesar de toda su energía vital, como en algo no sólo diabólico sino inorgánico. Eso era lo desagradable; que el cieno del foso parecía emitir gritos y voces; que el polvo amorfo gesticulaba y pecaba; que lo que estaba muerto, y no tenía forma, usurpara las funciones de la vida. Y además, que ese horror insurrecto estuviera unido a él, más cercano que una esposa, más cercano que un ojo. Yacía enjaulado en su carne, donde lo oía murmurar y lo sentía luchar por nacer; y a cada momento de debilidad, en la seguridad del sueño, se imponía sobre él, y lo deponía de la vida. El odio de Hyde por Jekyll era de orden diferente. Su terror a la horca lo llevaba continuamente a un suicidio temporal, y a volver a su situación subordinada de parte en lugar de persona; pero aborrecía la necesidad, aborrecía el abatimiento en el que Jekyll había caído ahora, y resentía la aversión con que era mirado. De ahí los trucos simiescos que me jugaba, garabateando blasfemias con mi propia letra en las páginas de mis libros, quemando las cartas y destruyendo el retrato de mi padre; y ciertamente, si no fuera por su miedo a la muerte, hace tiempo que se habría hecho daño a sí mismo con el fin de involucrarme en su ruina. Pero su amor por la vida es asombroso. Diré más: yo, que me enfermo y petrifico de sólo pensar en él, cuando recuerdo la abyección y la pasión de este apego, cuando me doy cuenta de cómo teme mi poder para cortarle la vida por medio del suicidio, me compadezco de él en el fondo de mi corazón.

Es inútil prolongar esta descripción, y me hace falta tiempo; baste con decir que nadie ha sufrido

nunca tales tormentos; y sin embargo, aun para éstos la costumbre trajo –no, alivio no– una cierta insensibilidad del alma, una cierta aquiescencia en la desesperación; y mi castigo hubiera continuado por años, si no fuera por la última calamidad que ha caído sobre mí, y que finalmente me ha separado de mi propio rostro y de mi propia naturaleza. Mi provisión de sales, que nunca había sido renovada desde la fecha del primer experimento, comenzó a agotarse. Envié a buscar un nuevo suministro y mezclé la pócima; se produjo la ebullición y el primer cambio de color, pero no el segundo; lo bebí y no tuvo ningún efecto. Se enterará por Poole cómo hice registrar todo Londres; fue en vano. Ahora estoy convencido de que mi primer suministro era impuro y que fue esa impureza desconocida la que le dio eficacia a la pócima.

Ha pasado aproximadamente una semana, y ahora estoy terminando esta declaración bajo la influencia de la última dosis de las primeras sales. Ésta es, entonces, la última vez, a menos que ocurra un milagro, que Henry Jekyll puede tener sus propios pensamientos o ver su propio rostro (¡ahora tan tristemente alterado!) en el espejo. No debo tardar demasiado en dar fin a este escrito; pues si mi relato ha escapado hasta ahora de ser destruido, ha sido por una combinación de una gran prudencia y de muy buena suerte. Si los dolores del cambio me llegaran en el momento de escribir esto, Hyde lo rompería en pedazos; pero si transcurre un tiempo después de haberlo guardado, su asombroso egoísmo y su tendencia a limitarse al instante, probablemente lo salven una vez más de la acción de su despecho simiesco. Ciertamente, la fatalidad que se cierne sobre ambos ya lo ha cambiado y oprimido. Dentro de media hora, cuando me reintegre de nuevo y para siempre a esa odiada personalidad, sé que me sentaré tembloroso y llorando en mi silla, o que continuaré, escuchando con el éxtasis más tenso y temeroso, paseando de arriba abajo este cuarto (mi último refugio terrenal) y prestando atención a cada sonido amenazador. ¿Morirá Hyde en el cadalso, o encontrará el valor para liberarse a sí mismo en el último instante? Sólo Dios sabe; a mí no me importa; ésta es la verdadera hora de mi muerte, y lo que ha de seguir concierne a otro diferente de mí. Así, pues, dejo la pluma sobre la mesa y procedo a sellar mi confesión. Pongo fin a la vida del desdichado Henry Jekyll.

Nota biográfica

Noches pasadas, me detuvo un desconocido
en la calle Maipú.
—Borges, quiero agradecerle una cosa —me dijo.
Le pregunté qué era y me contestó:
—Usted me ha hecho conocer a Stevenson.
Me sentí justificado y feliz.

Robert Louis Stevenson, cuya obra para Borges constituye *una de las perdurables felicidades que puede deparar la literatura,* nació en Edimburgo, Escocia, el 13 de noviembre de 1850, en el seno de una familia cuyo romántico oficio era el de ingenieros constructores de faros (su abuelo, Robert Stevenson, fue amigo de Walter Scott, y construyó el famoso faro de Bell Rock), la cual, debido a su frágil salud —heredada de la madre, junto con unos ojos lánguidos y profundos, el óvalo puro y femenino del rostro y el coraje y la fortaleza ante el sufrimiento– le prodigó toda clase de cuidados a lo largo de su vida, a pesar de las diferencias que sostuvo el joven Stevenson, rebelde e imaginativo, en especial con la severa moralidad calvinista de su padre.

Sus profesores de colegio nunca lo consideraron un buen estudiante, ya que el tiempo de las clases lo dedicaba a devorar libros de autores franceses e ingleses, y en sus tiempos libres, practicaba el arte de escribir. Desde los trece hasta los diecisiete años acompañó al padre en sus viajes, buscando en parte mejores climas que aliviaran sus quebrantos. De ellos regresaría con una intensa nostalgia por los países del sol, y con las resonancias en su memoria de toda clase de historias en tierras lejanas donde el misterio, el valor, y la osadía prodigan riquezas insospechadas a quienes toman el riesgo de la aventura: "Ser prudente en exceso es osificarse; y aquel demasiado escrupuloso termina quedándose fijo en un punto. En cambio, el hombre que tiene su corazón a flor de piel y una veleta rondando en su cerebro, que reconoce que su vida es algo para ser usado y arriesgado alegremente, hace una muy diferente amistad con el mundo, mantiene sus latidos rítmicos y rápidos, reúne ímpetus a medida que corre, y si su meta es algo mejor que un fuego fatuo, puede convertirse al final en una constelación." (*Aes triplex*).

Comienza estudios de ingeniería náutica –tradición familiar– que luego cambiará por los de derecho, aunque siempre con la plena convicción de que dedicaría su vida a la literatura, motivo por el cual, sin importar los estudios que estuviera cursando, vivía inmerso en los puertos, en íntima familiaridad con la terminología marinera, y en especial, con toda clase de gente escuchando las historias fantásticas que narraban, las cuales hacían rebosar aún más su espíritu por la aventura. Así, al cumplir los veinticinco años, le encontramos dedicando muy poco tiempo a la abogacía, y en cambio, entregado de lleno al estudio de la lengua y del arte de la novela. Es por esa época que comienza a publicar artículos en revistas, mientras vive con su hermano en la colonia internacional para pintores de Barbizon, en Francia. A lo largo de los tres años de permanencia en ese lugar, y fruto de los diversos viajes realizados, publica sus primeros libros, *Un viaje al continente* (1878), *Las nuevas noches árabes* (1882) y *Viajes en burro por las Cevennes* (1879), que ya comienzan a darle un lugar privilegiado entre los literatos contemporáneos. Finalmente parte, con Fanny Osbourne, a quien conoció en dicha colonia, hacia California, primero de una serie de viajes penosos, a veces por cuestiones económicas, y casi siempre a causa de su delicada salud, que lo llevan de orilla en orilla, guiándolo poco a poco hacia su destino.

En 1880 se casa con Fanny, mujer que sería su grata compañía hasta el final de sus días, y quien según sus propias palabras, se había convertido en su mejor colaboradora, al punto de ser en ocasiones, la más dura crítica de sus textos. A la par con esas experiencias que alternaban el dolor con algunos momentos felices, durante ese periodo publicó, entre otros, *El jardín de versos de un niño* (1883) y *El extraño caso del Dr. Jekyll y Mr. Hyde* (1886) –cuyo argumento le fue dado por una pesadilla–, además de tal vez el más famoso de sus libros, *La isla del tesoro* (1883), que comenzó como una historia narrada por Stevenson a Lloyd, hijo de Fanny, y que publicaría luego por entregas en la *Young Folks Magazine*, hasta darle finalmente forma de libro.

Después de una breve escala en Estados Unidos, donde conoce a Mark Twain y visita algunos amigos, en junio de 1888, Stevenson, acompañado de su esposa y de su hijastro, zarpa de San Francisco, a bordo del yate "Casco", rumbo a los mares del sur, al encuentro de la que sería su última morada. Ese viaje era un sueño largamente acariciado, porque aquel territorio constituía el escenario de muchas de las historias que escuchó en su adolescencia a los viejos marinos en los puertos; del Pacífico meridional le atraían además, el clima suave y la vida exótica y primitiva de las islas polinésicas.

En Samoa, donde finalmente se establece luego de navegar durante un par de años, encuentra el lugar ideal para desplegar una inusitada actividad, tanto física como intelectual, y con ardor juvenil, el que siempre lo caracterizó, se dedicó a abrir caminos en la selva, a compartir con los nativos, a su escritura, y a construir su casa. Fueron tal vez los cuatro años más felices de su vida. Pero infortunadamente, ese intenso ajetreo minó su precaria salud, y *Tusitala* (en samoano, "el que cuenta historias"), murió de un derrame cerebral en 1894, a los cuarenta y cuatro años de edad.

La gran casona de Vailima (él mismo le puso ese nombre a la localidad, equivalente a "cinco ríos") en que viviera sus últimos años Robert Louis Stevenson, fue construida en 1891, al pie del monte Vaea, en la isla de Upolu (Samoa Occidental), y allí escribió sus últimos títulos, a saber, *Baladas, Catriona, Aventuras de un cadáver, Pasatiempos nocturnos en la isla, En los mares del Sur, El duque de Herminston* –quedó inconclusa– y *Canciones de viaje y otros versos* (éstos dos últimos publicados de manera póstuma). Otros títulos suyos son, entre otros, *Olalla, Markheim, Los traficantes de naufragios, Secuestrado, Los colonos del Silverado, El príncipe Otón, La flecha negra, El señor de Ballantrae.*

La dolorosa compañía de la tuberculosis, y en algunas ocasiones, las penurias económicas, marcaron su vida peregrina y literaria –vida "dulce y trágica", como dijo Marcel Schwob– y contrario a lo que podría pensarse, esos avatares le llevaron a afirmar un carácter valeroso, carácter de un hombre apasionado que a pesar del sufrimiento ama su trabajo y la vida: "También podrá argüirse que la insatisfacción respecto a nuestra conducta proviene en cierta medida del pesimismo. Exigimos misiones más elevadas porque no sabemos apreciar la altura de las que nos han sido encomendadas. Intentar ser amable y honrado parece una tarea demasiado vulgar e intrascendente a los hombres de nuestro heroico calibre; preferiríamos crear un cisma o aniquilar una herejía, amputarnos una mano o mortificar una pasión. Pero la tarea que nos aguarda, que es la de sobrellevar nuestra propia existencia, es más bien de una sutileza microscópica, y el único heroísmo que se nos exige consiste en tener paciencia. En la vida no hay que cortar nudos gordianos; hay que desatarlos con una sonrisa en los labios." (*Sermón de Navidad*).

En la cima del monte Vaea, en Samoa, se encuentra la tumba de Stevenson, sobre la cual, en letras de bronce, está su poema "Réquiem", compuesto por él mismo años antes de morir, y que expresa claramente su nobleza y su coraje:

Bajo el inmenso y estrellado cielo,
cavad mi fosa y dejadme yacer.
Alegre he vivido y alegre muero,
pero al caer quiero haceros un ruego.

Que pongáis sobre mi tumba este verso:
Aquí yace donde quiso yacer;
de vuelta del mar está el marinero,
de vuelta del monte está el cazador.

Contenido

Editor
Panamericana Editorial Ltda.

Traducción y prólogo
Pedro Lama Lama

Diseño y diagramación
® Marca Registrada

Ilustraciones de cubierta e interiores
Gonzalo Rodríguez Villamizar

Primera edición en Panamericana Editorial Ltda., diciembre de 1997
Cuarta reimpresión, mayo de 2004

© Panamericana Editorial Ltda.
Calle 12 No. 34-20, Tels.: 3603077 - 2770100
Fax: (57 1) 2373805
Correo electrónico: panaedit@panamericanaeditorial.com
www.panamericanaeditorial.com
Bogotá, D. C., Colombia

ISBN: 958-30-0445-6

Impreso por Panamericana Formas e Impresos S. A.
Calle 65 No. 95-28, Tels.: 4302110 - 4300355, Fax: (57 1) 2763008
Quien sólo actúa como impresor.

Impreso en Colombia   Printed in Colombia

El extraño caso del
Dr. Jekyll
y Mr. Hyde

Robert Louis Stevenson

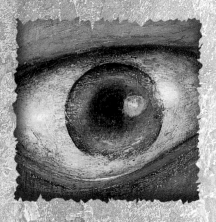

Traducción de Pedro Lama

Ilustraciones de Gonzalo Rodríguez

PANAMERICANA
EDITORIAL